世界一安全な株のカラ売り

THE SAFEST METHOD OF SHORT SELLING IN THE WORLD

株職人 **相場師朗**

はじめに

　本書は株式投資歴36年以上の私、相場師朗が株の「カラ売り」だけに絞って解説した初めての書籍です。

「カラ売り」というと、皆さんは一体、なにを思い浮かべるでしょうか。

「から揚げ」を思い出した人は相当、お腹が減っているんでしょう。

➣まず、「カラ売り＝怖い、難しい」の先入観を壊そう！

　株式投資を少しでも行ったことのある人は「株のカラ売り」と聞くと、圧倒的に、「怖い、難しい」と感じることが多いようです。

「知り合いの知り合いに株をカラ売りして全財産吹っ飛ばした人がいた」とか、「身の丈以上の金額でカラ売りしたら3日で追加の証拠金を要求された」とか、時には"怪談"レベルの怖い話もあるほど。

　相当、株式投資の経験を積んだ人でも、「カラ売り」はかなりマイナーな、あるいは苦手意識の強いものに感じられるようです。

　しかし、**私、相場師朗が株で得た利益の実に6割は「カラ売り」なのです！**

　私の主宰する「株塾」でも、カラ売りの講義にはついつい熱が入ってしまうので、塾生もすぐに"売り"（カラ売り）が大好きになってしまいます。そして、しっかり"売り"で利益を出してくれています。

　実際、株価は上がるだけでなく下がることもあるのに、「買いだけじゃもったいない！」と密かに思っていた方も多いのではないでしょうか。

　初心者も含め、本書をお読みいただいた方すべてに、私、相場師朗が長年培った「カラ売り」の技術をお伝えし、"買い"でも"売り"でも稼げる立派な株職人になってほしい！　そんな想いから筆をとりました。

➣そもそも「カラ売り」ってなに？

　カラ売りというのは、「株を買う」のではなく、株券を証券会社から借りて

きて「株を売る」ことから始める取引です。

　カラ売りした株が、売った値段より下がったときに買い戻すと、株価が下がった分の下落幅が利益になります。ようは、カラ売りすると株価が下がったとき儲かるわけです。初心者の方は、まずこの段階で「どうして持ってもいない株を売れるんだ？　株価が下がったら儲かるって一体、どういうこと？」と、きっとチンプンカンプンになるでしょう。

　株の話だとイメージできない人は「バナナ」で考えてもらっても結構。

　ゴリラAが、ゴリラBからバナナ10本を借りてきて、時価の1000円で、販売しました。この取引でゴリラAは1000円の現金を手に入れました。

　その後、バナナ10本の価格が900円に下落したので、ゴリラAは900円を支払ってバナナを10本買い、バナナを貸してくれたゴリラBに10本のバナナを返しました。

　すると「あら、不思議！」、ゴリラAの手元には現金100円が残っており、しかも、誰にも貸し借りはありません（図0-1参照）。

　もし、将来の下落を予測しての行動だとしたら、このゴリラAの脳は映画『サルの惑星』に出演できるほど、かなり進化しています！

図0-1　カラ売りの仕組みをバナナにたとえると…

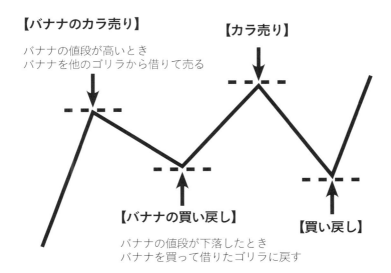

➤ やさしく、わかりやすく、でも深く深く

株の「カラ売り」を行うためには、証券会社に「信用取引口座」を開設する必要があったり、「逆日歩」とか「現渡」とか独特で奇々怪々な用語があったり、確かに難解で、とっつきにくいところもあります。

その制度的な仕組みをいちいち最初に説明すると、とっても頭でっかちな本になってしまうので、本書では、小難しい信用取引制度については最後にまとめて、わかりやすく解説することにしました。

カラ売りの仕組みをまず頭に入れておきたいという人は、第6章の「信用取引の仕組み」から読み始めてください。カラ売りの仕組みを初心者でも理解できるよう可能な限りやさしく、わかりやすく書きました。

一方でその技術は中・上級者でも満足できるよう深く深く掘り下げています。皆さんが「不安や難しさを感じることなく、安心して、自由自在にカラ売りできるようになってほしい！」という一心で、相場師朗が心血を注いで、考えに考え抜いて執筆しました。

➤ カラ売りできるとチャンスは2倍！

株が上がっているときは買い、下がっているときはカラ売りすれば、株価のすべての値動きを利益にかえることができる！

株価は上がったり下がったりするのが宿命である以上、上がったときに買うだけではチャンスの50%しかモノにできない。

下がったときにカラ売りして儲けるようになることで、初めてチャンスを100%、生かすことができるのです！

カラ売りをしない株式投資は、チャンスの半分を最初から諦めてしまった味気のない人生のようなもの。カラ売りができないトレーダーは、新聞に「株価大暴落」という見出しが躍るような株価の下げに直面すると、「うひゃー」とパニックになって、「もう株はこりごり」と株式市場から退場してしまうしかありませんでした。

株価が暴落するたびに株式投資を諦めてしまう人が出ることのほうが、私はよっぽど悲しい、悔しい！

➤世界一安全なカラ売りの技術を身につけよう

　カラ売りとは、ハサミのようなものかもしれません。

　全く扱ったことのない子どもからすると、ハサミは危険な刃物に見えることもあるでしょう。でも正しく使えば、とても便利で安全なもの。

　カラ売りも同じです。**その技術を身につければ、上昇だけでなく下落でも稼げる便利かつ安全なツール。**

　だからこそ、株を買うことだけでなくカラ売りすることにも慣れてもらいたい。日々の株価の細かい下落から大暴落まで、株が下がることを逆に「チャンス」ととらえられる発想を皆さんに持ってほしい。

　それが、株式投資を心の底から愛する相場師朗の想いです。

　本書を読むことで、皆さんが「買い」だけでなく「カラ売り」でも儲けられるようになり、株式投資と相場師朗のことを100%、いや1000%ぐらい好きになってくれたら、それに勝る喜びはありません！

　前置きはここまで。

　それではこれから、私と一緒に世界一安全なカラ売りの技術を身につけていきましょう！

目次

はじめに 2

第1章
下落は宿命
「カラ売り」の大前提

O1 なぜ株価は上下動を繰り返すのか
起こっていないことを起こる前に妄想する 13
日経平均株価が上げても下げてもチャンスは満載 14
どんな上げ相場にも下げ局面は多い 15
どんな凡人でも練習を積めば「売り上手」になる！ 18

O2 株価の下がり方と上がり方の違い
カラ売りは右利きの人にとっての左手 19
株価は上がりにくく下げやすい 20
株がじわじわ上がりドカンと下がる理由 21
相場師朗の利益の6割が"売り"である理由 23
弱ったところを狙う。強いものに逆らうな 24
株価は「上げ→横ばい→下げ」を繰り返す 25

第2章
超シンプル！
下落を爆益に変えるシグナル

O3 必要な武器は
ローソク足と移動平均線だけ！
ローソク足で値動きの「鮮度」を見る 30

相場式で最重要なのは「移動平均線」　34

「所詮、この世は5日線と20日線」とは？　36

04　カラ売りで勝つための 相場式シグナル＆法則

「下半身」「逆下半身」と移動平均線の並び　42

「上昇トレンド」の並びと下半身・逆下半身　43

「下降トレンド」の並びと下半身・逆下半身　48

実戦チャートで見る下半身・逆下半身　51

「7の法則」で上下動のリズムをつかむ　52

「9の法則」で上昇・下降局面をとらえる　54

5日線、20日線が織りなすシグナル一覧　57

　クレヨン　57

　くちばし　58

　ものわかれ　59

　N大・逆N大　60

「キリのいい株価」や

3ヵ月・6ヵ月の「時間的節目」に注目　61

「前の高値・安値」を超える／割り込む　62

「トライ届かず」で「株価の弱さ」を見る　65

　終値バルタン　66

「2の法則」で5日線の失速を戻り売り　67

第3章 「次の次」を読め！

下落時の基本戦略

05 過去のチャートから
下げ相場の「習性」を見抜く

株価が下がるパターンはこの５つだけ　70

相場式４大チェックポイントを指差し確認　72

下落パターンの学習 実戦編　74

06 下げや上げの「ストーリー」を
思い描く

下げている途中に、下げ止まりを判断する方法　81

「次の次」になにが起こるかを読むための概念図　86

下げパターンの「次の次」も考えておく　89

7の法則を使って上げ下げの強弱をつかむ　90

実戦チャートで「次の次」「先の先」を読む　93

2012年以降の下げの下落日数と期間　98

「天井圏のカラ売り」は
「大底圏の底値買い」より難しい　100

第4章 急落も想定内

下げで稼ぎ続ける超実戦

07 PPP、逆PPP、NONを使った局面分析

移動平均線の並びで株価のステータスを確認　104

ＰＰＰ、逆ＰＰＰ、ＮＯＮの定義とは？　106

ＰＰＰ、逆ＰＰＰ、ＮＯＮを意識して
移動平均線を見る　109

準逆ＰＰＰにも応用すれば

値動きの6割は獲れる　114

残り4割を占める純NONの攻略法とは？　115

カラ売りで狙いたい
「PPP崩れ、準PPP崩れ」とは？　119

08　週足との見比べで「下げのための上げ」を獲る

週足ベースのPPP、逆PPPに注目　122

週足の「強いトレンド」を意識して日足で取引　127

09　20日線と60日線のクロスを使った建玉の操作

20日線と60日線のクロスが重要な理由　131

日経平均株価の20日・60日のクロスを見る　132

3日線、10日線を追加することで売買精度を上げる　134

第5章　短期売買を制す！移動平均線の新技術

10　進化した「忍法ローソク足隠し」の練習術

「往復リーディング」で流れをつかむ　149

個別銘柄で
「移動平均線リーディング」の威力を確認　153

10日（週）線の高値と安値、
20日（週）線との位置関係に注目！　158

11　3、5、7、10日線の密集後を狙う「急落カラ売り術」

7日線を加えるとよりビビッドに値動きに反応　161

移動平均線の「密集」をとらえた実戦トレード　165

第6章 初心者でも丸わかり
信用取引の仕組み

12 信用取引 まずは基本のキ
普通の証券取引（現物取引）と信用取引の違い　170

制度信用は6ヵ月以内に決済しなければならない　171

13 信用取引のリスクとその回避法①
なぜ、持ってもいない株を売れるのか？　173

信用取引の手数料・コストと決済方法　176

14 信用取引のリスクとその回避法②
信用取引とレバレッジについて　178

15 信用取引のリスクとその回避法③
配当・優待の権利確定日をまたいだ取引に注意　182

カラ売り規制についても覚えておこう　183

平常時のカラ売り規制について　184

おわりに　186

第 **1** 章

下落は宿命
「カラ売り」
の
大前提

THE
PREMISE
OF
SHORT
SELLING

CHAPTER

1

THE SAFEST METHOD OF SHORT SELLING IN THE WORLD

01

The Premise
of
Short Selling

なぜ株価は
上下動を繰り返すのか

　どんなに元気な若者でも、2時間ぐらい全力でシャドーボクシングを続けたら疲れ果ててぶっ倒れます。

　それと同じように、どんなに優良で成長力や収益性が高く、株価が青天井に上がっている企業の株も、いつかは下がります。

　なぜなら、その株を買って儲けた人がいつかは利益確定するからです。

　確かに米国の株価指数ＮＹダウ平均やＳ＆Ｐ500は多少、下げることはあっても長年にわたって右肩上がりの上昇が続いていますが、それはアメリカの話。ここは驕れるもの久しからずの国・日本です。

　『平家物語』の冒頭に、「祇園精舎の鐘の声、諸行無常の響きあり。沙羅双樹の花の色、盛者必衰の理をあらはす」とあります。

「盛者必衰の理」、漢字テストに出てきそうないい言葉ですね〜。

「バブルはいつか弾ける」という意味の言葉を、800年近く前に私たち日本人が指摘していたのは素晴らしい限りです。

　ただ、株を愛して愛してやまない私、相場師朗は別に「バブルはいつか弾けるから、株なんか買うのはやめなさい」といっているわけでは決してありません。

　バブルはいつか弾けるんだから、バブルでも儲けて、バブル崩壊でも儲けようじゃありませんか。

　私がいいたいのは、株式投資をする以上、

「上がったものはいつかは下がる。下がったものはいつかは上がる」

12

と考える"クセ"をつけましょうということです。

➤起こっていないことを起こる前に妄想する

チャートをパッと見るだけで、「今、下がっているけど、どうせ1回上げたうえでまた下がるんでしょ？」と先の先まで読める。

かなり先のことをまだ起こっていない時点で考えられるクセをつけるのが、相場式株式投資の根幹なのです。

そのためには「妄想力」を鍛える以外ありません。

最近、抑えていますが、時に私の言葉が「エッチ」に聞こえたり「スケベ」に響いたりするのは、ひとえに皆さんにも「ああなったら、ウフフ♡、こうなる」「こうなったら、エヘッヘッ♡、ああなる」と思春期の高校生のように、株価の行く末のことを精いっぱい、妄想していただきたいからなのです。

「ああなったら、こうなる」「こうなったら、ああなる」という値動きの「回路」を頭の中にびっしり張り巡らすには、過去のチャートを1銘柄30年分×日経平均株価採用の225銘柄（もしくはJPX日経400採用の400銘柄）＝6750年分〜1万2000年分は徹底的に穴が開くほど見て、読み解いていくしかありません。

そうすることで、過去の値動きのパターンを頭と心に焼き付けるのです。

相場式が「練習、練習、練習」「鍛錬、鍛錬、鍛錬」を重んじる超体育会系なのは、そのせいです。

過去のチャートを数千年分、丹念に見ていけば、「株は上がれば下がる、下がれば上がる。それが道理」ということが身に染みてわかります。

さらに、もっともっとチャートを見ると、ここ30年以上続いた日本株の本質は、

「上がったものは必ず下がる。ただ、下がったものが再び上がるとは限らない」

であることに気づくはずです。

➢日経平均株価が上げても下げてもチャンスは満載

　図1-1は日本を代表する株価指数・日経平均株価の、1987年から2018年まで約30年間に及ぶ株価の推移です。

　日本株の代表的指数・日経平均株価は1989年12月29日の大納会ザラ場（取引時間）中に3万8957円の史上最高値をつけたあと、世界中を襲った未曾有の金融危機リーマンショックが直撃した2008年10月には6994円のバブル後最安値まで下落しました。しかし、2012年11月の民主党政権退陣と12月の安倍自民党政権誕生から始まった「アベノミクス」の上げ相場で、2018年1月には2万4129円まで上昇。

　2018年10月2日には再び27年ぶりの高値2万4448円を更新するなど、6年以上にわたって強い値動きが続いています。

　ただ下の図1-1を見てもわかるように、株価は上げ相場のときも下げ相場のときも、一直線に動くのではなく、ジグザグ、ギザギザ、山と谷を作りながら上下動を繰り返しています。

　全体として見れば、日経平均株価は30年近く前につけた高値を1度も越え

図1-1　日経平均株価が上げても下げてもチャンスは満載

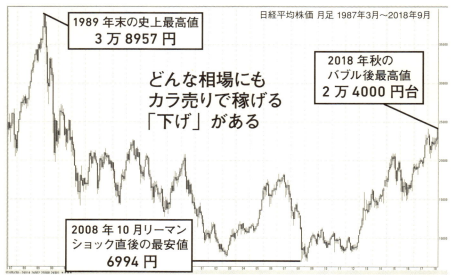

ていないわけですから、買いよりもカラ売りのほうに、より多くのチャンスが
あったことがわかります。

　とはいえ、株価が暴落したり、ずっと下げ相場が続いているときにしか、カ
ラ売りで儲けるチャンスがないわけではありません。
「アベノミクス」の上げ相場に乗って日経平均株価が史上最高値の4万円台に
到達したとしても、そこまでたどり着くには、何度も何度も「暴落」「急落」「大
幅下落」といわれるような株価の調整期間をくぐり抜ける必要があるのは過去
の値動きが証明しています。

　上げ相場にだって、カラ売りで儲けるチャンスはふんだんにあるのです。

　逆にすでに6年続いた「アベノミクス」がもし崩壊したときには、大幅下落
が発生し、大きく下げては、また少し上げて、またまた大きく下げる、の繰り
返しになるでしょう。

　下げたときはカラ売りで獲り、上げたときは、それが下げ相場における一時
的なリバウンド上昇だとしても買いでも儲ける。

　図1-1の日経平均株価のギザギザ♡（ハート）の上下動チャートを見れば、誰だってす
ぐにわかること。それは、
「買いだけでなくカラ売りもできたら、もっともっと株式投資は楽しく、実り
多いものになる！」

　ということです。

➤ どんな上げ相場にも下げ局面は多い

　30年続く下げ相場の中で株価の盛り返しに大貢献した「アベノミクス」は、
デフレで低迷した日本経済を地獄の淵から救った素晴らしい政策です。

　それを主導した安倍晋三首相と黒田東彦日銀総裁に、私は心の底から拍手喝
采を送りたいと思っています。

　ただ「上がったら下がる、下がったら上がる」のが株の宿命である以上、「ア
ベノミクス」の上昇相場の中にも下げ局面はたくさんありました。

　次ページの**図1-2**は「アベノミクス」が始まった2012年11月以降からの
日経平均株価の週足チャートです。

　期間中、日経平均は8000円台から2万4000円台まで約3倍も値上がりし

15

ました。

　すごい上昇ですが、そんな上昇の中にも下げ局面があるのは、図を見れば一目瞭然です。たとえば、図のＡのゾーンをよく見てください。

　株価は2015年5月に2万円台の大台を回復しましたが、持ちこたえられず下落。なんとか再上昇に転じますが、株価2万円の壁に跳ね返されて再び下落しています。

　私の他の本を読んだことがある人なら、「高値を更新できずに下げているな。これって相場師朗がいっていた…なんだっけ？」とピンと来てほしいところ。

　そうです！

　これは相場式シグナルでいうところの「トライ届かず」。前の高値にトライしたものの、高値まで届かないで下落に転じると、その後は下げが加速しやすい、というシグナルではありませんかっ！

　しかも、高値を更新できなかった近辺の株価に注目すると、すぐに気づくことがありますが、それはなんでしょうか？

　ヒントは、図のＡのゾーンで「トライ届かず」が起こったのが株価2万円の近辺であること。そうです！　「節目」にあたるのです。

図1-2 「アベノミクス」相場に出現した下げ局面

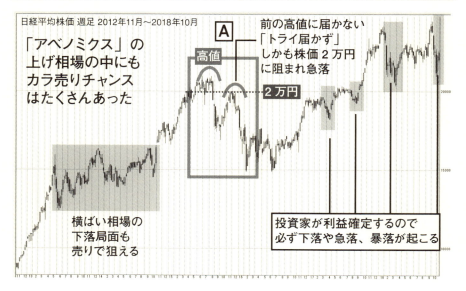

「株価が高値を更新できない『トライ届かず』が起こって、しかも２万円の大台に跳ね返された。ずっと上げ相場が続いてきたけど…これって下げる前兆じゃないの？」と少しでもピンときた方、あなたはカラ売り名人になれる素質あり、です！

　図の上げ相場の中には、上昇が続いたあとの下げ局面や株価が長期間、横ばいで推移していた時期（灰色のゾーン）など、ほかにもカラ売りで稼げるチャンスが「もう、お腹いっぱい」というぐらい存在しています。

　より短期間の値動きを見てみましょう。

　図1-3は2018年１年間の日経平均株価の日足チャートですが、「あれっ！」とお気づきになりませんか？

　そうです。株価が２万4000円や２万3000円の節目にぶつかって下げに転じている箇所がものすごくたくさん、ありますよね！

　たとえば、②で２万3000円に跳ね返され、③でも跳ね返されたあとの④や⑤の下げは、「株価の節目」を意識するだけで、カラ売りで獲ることはできませんでしたか？　直近の⑥では２万4448円をつけて27年ぶりの高値を更新しましたが、結局、①と同様に２万4000円の壁に上昇を阻まれています。⑥

図1-3　2018年の日経平均株価と高値の壁

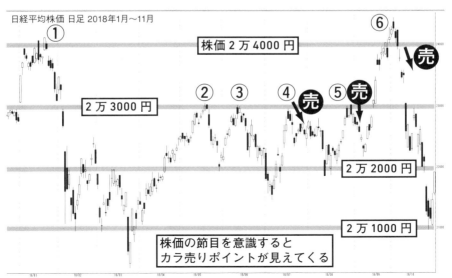

の高値のあと、2万4000円を割り込んで派手に下げ始めたところでカラ売りを入れられなかったでしょうか？

　どんな上げ相場にも下げ局面はある、という株式相場の"真理"がわかっていれば、初心者の方でも、これらの下げに乗ってカラ売りで利益を出すのはそれほど難しくないのです。

「アベノミクス」の上げ相場が始まって、すでに6年。そのタイムスパンはここ30年間で見た上下動の1サイクルとしては最も長いものです。

　2019年でいよいよ「平成」という時代も終わり、「アベノミクス」にも一区切りつきそうです。

　天下無双の上げ相場にも年に2、3度は急落があるわけですから、いざ、下げ相場が始まったら、さらにたくさんの下げ局面が連発するはず。

　だからこそ、カラ売りを覚えて、その技術を磨いておくことが、なにかと落とし穴の多い株式投資では最善の選択肢といえるのです。

➤どんな凡人でも練習を積めば「売り上手」になる！

　株のカラ売りというと、「怖い、大損する、難しい」というイメージが根強いせいか、どーしても眉間にシワを寄せて行わないといけない"雰囲気"があります。

「少子高齢化で低成長が続く日本では、株が上がるはずない」とか、「最近は年金ファンドも株を大量に買っているけど、年金の支払いや下げ相場での運用悪化を考えると、巨大な売り圧力になりそうだ」とか。

　そんな難しいことまで考えないとカラ売りで成功できないのではないか？自分みたいな初心者は絶対、無理、と思い込んでいる人もいるかもしれません。

　でも、それは大いなる勘違いです。

　先ほど紹介した「株価の節目」のほかにも、株職人・相場師朗はたくさんの技を持っています。

　本書で伝授する技の数々に磨きをかけ、練習を積めば、どんな凡人でも「売り上手」になれます。

　だから、どうか、安心してください！

THE SAFEST METHOD OF SHORT SELLING IN THE WORLD

O2

The Premise
of
Short Selling

株価の下がり方と
上がり方の違い

第1章　下落は宿命「カラ売り」の大前提

　株というのは「上がったものは下がる」、「下がったものは上がるもんだっ！」
と繰り返し述べてきましたが、株の上がり方と下がり方には単なる物理的、機
械的な上下動とは違って、微妙な値動きの差があります。

　その差については、言葉で覚えるというより、過去のチャートをたくさん見
て、心と体に染み込ませるしかありません。

　カラ売りを学ぶうえで、株が上がるときと下がるときの値動きの違いについ
て知っておいて損はありません。そこで具体的な相場式カラ売りトレードの手
法をレクチャーする前に、株の上げ・下げの違い、それにともなう買いとカラ
売りトレードの違いをご説明しましょう。

➣カラ売りは右利きの人にとっての左手

　私、相場師朗は空手とテニスが趣味のスポーツおじさんでもありますが、右
利きのせいか、空手では左回し蹴りが不得意でした。

　自分でも「こりゃ下手だ」とわかっていたので、練習では右回し蹴りを500
回やるところ、左回し蹴りは700回やって苦手を克服しました。

　今では、右も左もほぼ同じ強さと速さで回し蹴りができます。

「文句があるなら、どっからでも、かかってこいやーっ！」

　と、皆さんにいいたいわけではありません。

株には買いとカラ売りがありますが、買いしか知らない普通の投資家にとって、カラ売りというのは右利きの人が左手でご飯を食べたり文章を書いたり、ボールを投げたり蹴ったりするようなものです。

右手で行うのとはかなり感覚が違うので、最初は戸惑ってしまうことが多いのです。

優秀な株職人になるためには、なるべく左右均等になることが大切です。多くの人にとってカラ売りは、相場師朗にとっての左回し蹴りのような不得意分野なので、苦手を克服するためのトレーニングが必要になります。

では、具体的に、株の上げと下げ、買いとカラ売りはどこが違うのでしょうか？

➤株価は上がりにくく下げやすい

株価が上昇し続けるためには、外国人投資家による海外からの資金流入や「株を買って儲けたい」という希望を胸にした個人投資家がぞくぞくと、株式市場の外からやってくる必要があります。

難しい言葉でいうと、株式市場への新たな資金の流入がないと株価はなかなか上がりません。

むろん、新規に資金が流入しなくても、その時々で人気のある株は上がります。たとえば、「円安で海外にモノを売っている輸出セクターの調子がよさそうだ」となれば、製造業など輸出で儲けている業種の株が買われ、その分、ほかのセクターの株が売られるなど、株式市場の中でも日々、資金循環が起こっています。

人気のある株は上がり、人気のない株は下がる。株式市場ほど流行り廃りの激しい世界はないぐらい。だからこそ、人気のある株を買うだけでなく、不人気の株を売ることが利益につながるのです。

一方、「人生で大切なのは株よりお金」ですから、買った株を換金して現金にかえたいという需要はたえずあります。

特に不景気になったり、世界同時多発テロやリーマンショックのような経済的・政治的なパニックが発生すると、緊急事態に備えてお金を手元に置いてお

きたい需要が急速に高まります。

　その結果、株式市場からお金が大量に流出。みんながみんな、株を売って現金にかえたいと、先を争って投げ売りする状況になると、株価はいとも簡単に下がってしまうのです。

　確かに株というのは「会社＝モノ」なので、物価が上昇してインフレの時代が続いている間は、モノの値段である株価も上がりやすくなります。

　しかし、日本では長らく物価が下落するデフレの時代が続き、それが30年にも及ぶ下げ相場の大きな原因になってきました。

　一般論で考えても、株は下がるより、上がるほうが大変です。

　逆にいうと、上がるのより、下がるほうがカンタンなわけですから、買いだけでなく、カラ売りのほうが利益を出しやすく、成功しやすいともいえるのです。

　かのニュートンが発見したりんごの木と同じように、株価にも下向きの"重力"がかかっているといったら、いいすぎでしょうか。

➤株がじわじわ上がりドカンと下がる理由

「株がなくても死なないけど、お金がないと死んじゃうこともある」

　という大原則に立つと、株価の上げ方、下げ方には微妙な違いがあることもわかるはずです。

　株の取引方法には、買ったり売ったりする株価を指定してその価格になるまで待つ「指値注文」と、価格を指定しないで「いくらでもいいから売買する」という「成行注文」があります。

　株を買うときは「株がなくても死なない」わけですから、「今の値段より安くなったら買おう」という指値注文が多くなります。

　買う時期に関しても、買う人の自由というか気まぐれです。

　よほど、その会社にいいニュースや好材料が出ないと、大勢の人間が一斉に「買いだ、買いだ」と殺到することはありません。

そのため、株価はじわじわ、ゆっくり、行ったり来たりしつつ、上昇することが多くなります。

反対に、株の下落局面では、日本市場の売買高の65％を占める外国人投資家の一部がなにかの拍子に利益確定すると、それを見たほかの外国人投資家が追随して、また、それを見たほかの大口投資家も…という「売りの連鎖」が起こります。

みんなが楽観的になると株価が上昇するのに対して、株価が下がるのはみんなが悲観的なとき。悲観的な考え方というのは伝染るんです。

一部のリスクに敏感な投資家が不安になって売り急ぐと、それを見たほかの投資家も「あれ？　大丈夫？」と恐怖に駆られて売り急ぎ、やがてはみんながみんなパニックに陥って、「売りが売りを呼ぶ」状態になります。売りが買いに比べて急激になりやすいのはそのせい。

実際の例を見てみましょう。

下の図1-4はトヨタ自動車の2018年3月～8月の日足チャートです。

株価が上がったり下がったり、上下動を繰り返していますが、上昇局面では上がったあと、いったん下がってみたり、大きく上昇したあと、もみ合いに転

図1-4　トヨタ自動車の株価の上下動の差

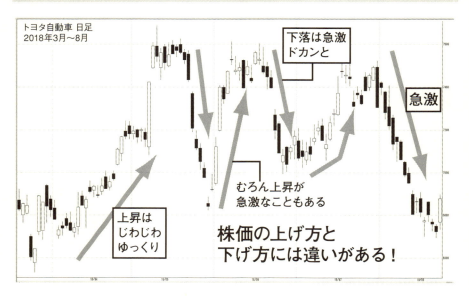

じたり、時間をかけて、ゆっくり上がっています。

　一方、下げの局面は大きな下落が連続して、比較的短時間のうちに、ドカンと一直線で下げる傾向がいくぶん強くなっていませんか？

➤相場師朗の利益の６割が“売り”である理由

　むろん、「アベノミクス」初期の2013年前半やトランプ大統領選出で株価が急速に上昇した2016年の年末など、強い上昇相場では、「いくらでもいいから買い」という成行買いで、株価がかなり急激に上昇することもあります。

　その場合でも、「もう十分儲かったから売ろう」という利益確定の売りが入るので、一直線に上昇するわけではありません。

　急激な上昇が続くと、「上がりすぎて怖い」というリスクに敏感な投資家も出てきて、上昇の勢いが鈍ります。

　株価はゆっくりじわじわ上昇して、急にドカンと下げる傾向が強いため、株を買うときとカラ売りするときの売買法にも、違いが必要になるんです。

　買いの場合は、上昇スピードがゆっくりじわじわですから、「この高値を抜けたら買い」「この安値まで下がって反発したら買い」というように、一歩下がって二歩進むという上下動のリズムに合わせて、じっくり仕込んでいくことができます。

　対するカラ売りの場合、「あれっ、これ、怪しいな！？」という感覚を、買い以上に研ぎ澄ます必要があります。

　株価の下げは急激といっても、その下げが本当に急激で大きなものになるかどうか、事前には誰にも予測できません。

　だからこそ、「**これまで勢いよく上昇していたのに、高値を更新できなくなったぞ**」とか、「**500円とか1000円とかキリのいい株価にぶつかって跳ね返されたぞ**」とか、値動きの中に起こった微細な“変化”を敏感に感じとることが買い以上に重要になるのです。

　前の高値を更新できるか、キリのいい株価が壁になっていないか、あとでみるローソク足や移動平均線などが弱気シグナルを出していないか、入念に丹念

に値動きをウォッチする必要があります。

「なんか、怪しいぞ!?」という気持ちを持って、用意周到に、虎視眈々と準備していれば、いざ急激な下げが始まったときも慌てることはありません。

相場式トレードの数々の技を駆使して、最初の大きな下げを売りで獲り、そのあとのリバウンド上昇を買いで獲り、さらなる下げ、そのあとの…と下げ相場における株価の上下動を手堅く利益にかえていくことができるようになります。

上昇以上に下落はスピーディで、値幅的にも大きいので、うまく乗れば、買い以上の利益を出すことができます。

だからこそ、私、相場師朗の株の利益の6割は売り！　で穫れているのです。

➣弱ったところを狙う。強いものに逆らうな

多くの人がカラ売りを「怖い」と感じたり、実際に取引に失敗して「苦手だ」と思ってしまうのは、強い者に無謀な戦いを挑むからです。

カラ売りの失敗で多いのが、
「こんな会社の株がこんなに上がるはずはない」
と自分勝手に考えて、ミサイルのようにほぼ真上に向かって上昇しているような急騰株をカラ売りして損失をこうむるパターンです。
「こんな株が上がるはずがない」と勝手に思い込んでしまっては、なかなかうまく行きません。

周囲で株を買っている多数派の投資行動を全否定して、自分の考え方だけに固執していると負ける、ということです。

これはカラ売りをするうえで見すごされがちな落とし穴といっていいので覚えておいてください。

「強いものには逆らうな。長いものには巻かれろ。でも盛者必衰の理。強いものが弱くなったところを狙え」

株価が勢いよく高値を更新して、まだ上がっているときは、その上昇に歯向かうのではなく、素直に買いで勝負したほうが儲かる確率も高くなります。

売りのことを考え始めるのは、株価に勢いがなくなって、高値を更新できず、値動きの方向性が上昇から横ばいに転じたあたり。

そして、高値を更新するどころか、これまでの安値まで割り込んで株価が下落し始めたら、盛者必衰！　強いものが弱くなった証拠ですから、はじめて売りで勝負する、という流れになります。

では、どうやって強かった株価が弱ったことを判断するのか？

その判断材料になるのが、相場式トレードの基礎の基礎といえる「A局面（下げ）、B局面（横ばい）、C局面（上げ）」という値動き分析です。

➤株価は「上げ→横ばい→下げ」を繰り返す

株は上がったら、そのまま一直線に上がりっぱなしということはありません。その会社が倒産しない限り、下がったら下がりっぱなしということもあまりありません。

基本的には、「上がったあと横ばいで推移しその後、下げる」または「下がったあと、横ばいが続いて、その後、上げる」という値動きのパターンを繰り返します。

むろん、「上げたあと、横ばって、また上げる」「下げたあと、横ばって、また下げる」というパターンも頻出しますが、永遠の上昇も永久の下落もないので、いつかは「横ばいから反対方向へ」という動きに転じるのは、過去のどんな銘柄のチャートを見ても明らかです。

次ページ**図 1-5** に「上げ→横ばい→下げ」のパターンを概念図で示しました。

株価が上がるのは、「これまでの株価より高くても買いたい」という人が、株を売りたい人よりも多いときです。

それが図に示した株価の上昇局面です。

しかし、株価がかなり上昇して、買いたい人が株を買い尽くしてしまうと、買いと売りの勢力が拮抗して株価が横ばいで推移し始めます。

すでに株を安値で買った人の多くは、「かなり上昇して儲かったので、そろ

図1-5 「上げ→横ばい→下げ」の値動きパターン

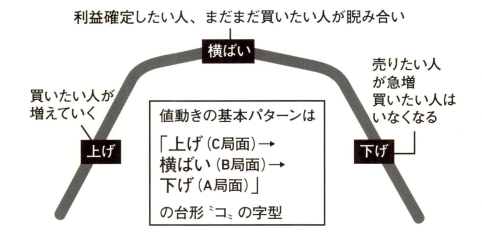

そろ利益確定するか」という気分になります。

株価の上昇が止まると、「そろそろ下がるはず」と、新規のカラ売り注文も増えていきます。一方、「これまで上昇が続いてきたし、少し下がったらまた買いたい」という新規買いの勢いもまだ衰えてはいません。

そのため、上昇が続いたあとは、買いと売りの勢力が拮抗して、株価が横ばう状況になりやすいのです。

横ばったあと、再び直近の高値を抜けて上昇に転じるケースもあります。しかし、上昇が続いて株価が高くなりすぎたせいで、株を買いたい人が少なくなる一方、利益確定も含めて株を売りたい人が増えると、株価はやがて下落に転じます。

相場式では「上昇→横ばい→下落」や「下落→横ばい→上昇」という"コ"の字を寝かしたような台形型を、株価の値動きの基本パターンと考えます。

そして、下落局面は「A局面」、横ばいは「B局面」、上昇局面は「C局面」と呼びます。買いで勝負するときは、A局面＝下げからB局面＝横ばいに転じたあたりで、「次はC局面になりそうだから、買いを仕込んでおこう」と、次の上げに備えて買いポジションを積み上げていきます。

反対にカラ売りのことを考えるのは、Ｃ局面＝上げからＢ局面＝横ばいに転じたあとになります。

　まだ株価が横ばいのＢ局面では、値動きの上限と下限を見極めて、上限まで上がって下がり始めたら売り、下限まで来て上がり始めたら買いでの勝負になります。ただし、値動きが激しすぎたり、上下動の値幅が小さすぎるときはなかなか流れに乗れないので、Ｂ局面では様子見も一つの選択肢になります。

　そして、実際に株価が「へ」の字型に折れ曲がって、下落し始めたときにはすべての買いは整理して、できれば、売りポジション（信用取引では「売り玉（ぎょく）」といいます）をすでに持っているのが、準備万端で理想的なカラ売りの売買戦略です。

　「次はこうなる」、「次の次はこうなる」と常に先を見越してポジションをとっていくために必要なのが、このＡ～Ｃ局面を使った値動きのパターン分析なのです。

　概念図だけではイメージが沸きづらいと思いますので、次ページ**図 1-6**、**図1-7** に、台形や逆台形型の値動きパターンが出現した具体的なチャートを紹介しました。

　当然、具体例は概念図に比べれば、きれいな台形型にはなりません。中には真ん中のＢ局面をすっ飛ばして、いきなり、Ｃ局面の上昇からＡ局面の下落に向かう「とんがりコーン」のようなパターンも出てきます。

　株価には「上がったらいずれ下がる」「下がったらいずれ上がる」という流れがあることを理解し、その流れに逆らわず、流れにうまく乗った取引を心がけましょう。

　そうすれば、「天まで上がれ！」という希望的観測や「底なし沼のように下がりそう！」という恐怖からも自由になれます。

　感情や欲望に支配されることなく、「どんなに素晴らしい上げ相場も、どんなに最悪な下げ相場もいずれは終わる」という冷静な目で値動きを見ることで、先の先、次の次を見越した取引ができるようになるのです。

図1-6 「下げ→横ばい→上げ」の値動きパターン（逆台形型）

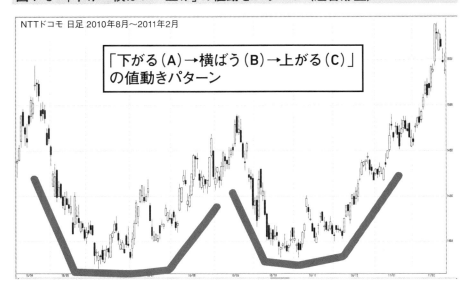

図1-7 「上げ→横ばい→下げ」の値動き（台形変化の「とんがりコーン」型）

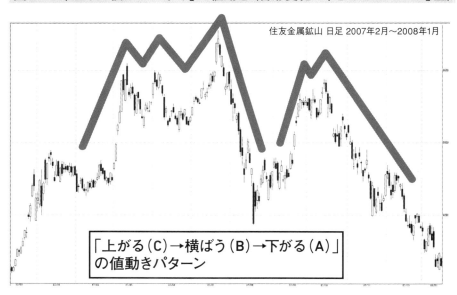

第**2**章

超シンプル！
下落
を爆益に変える
シグナル

THE
SIGNAL
OF
SHORT
SELLING

CHAPTER

THE SAFEST METHOD OF SHORT SELLING IN THE WORLD

03

The Signal
of
Short Selling

必要な武器は
ローソク足と
移動平均線だけ！

株のトレードがうまくなるためには練習、鍛錬、修行を繰り返して、頭でっかちに考えるのではなく、自然と手や体が器用に動く「株職人」になることが大切です。

優れた職人は手入れの行き届いた「道具」を持っています。

しかも、道具は少ないほうがいいんです。なぜなら、値動きを定点観測して、その変化を素早く察知するためにはたくさん道具があっても迷うだけだから。

もう、ご存知の方も多いように、株職人・相場師朗が使う道具は「ローソク足」と「移動平均線」だけです。

それは買いでもカラ売りでも同じ。そこで「カラ売り」に特化した優れものの道具をまずはご紹介しましょう。

➢ローソク足で値動きの「鮮度」を見る

相場師朗が使う包丁とまな板、バットとグローブ、金づちとのこぎりに相当するのが、ローソク足と移動平均線です。

ローソク足チャートは株価など金融商品の値動きを示すときに使われる、わが国・日本発祥の、極めて便利なグラフです。

なにが便利かというと、株価がどう値動きしたかが一目瞭然ですぐわかること。

そして、１本のローソク足の中に「始値」「高値」「安値」「終値」という４つの情報がインプットされていて、ローソク足ができる過程で株価がどんな動きをしたかもわかるからです。

ローソク足はローソクの実体部分に相当する長方形の箱と、その上と下に突き出た直線の「上ヒゲ・下ヒゲ」で構成されています。

実体部分の上辺と下辺はその時間中の株価の始値と終値を示し、期間中に株価が上昇していれば下辺が始値、上辺が終値となって「陽線」、下落していれば上辺が始値、下辺が終値で「陰線」になります。

上ヒゲの先端は期間中の高値、下ヒゲの先端は安値を示します。

ローソク１本が示す時間の単位を変えることで、日足、週足、月足、時間足、分足チャートなど、さまざまな時間軸で値動きの様子を分析することができます。

ローソク足チャートは株価の推移を見るのが一番大切ですが、その形状に注目すると、値動きの鮮度というかイキのよさもわかります。

生きた魚を両手で抱えてみると、ピチピチと手の中で飛び跳ねるので、イキのよさがなんとなくわかりますよね。

それと同じで、ローソク足１本１本の形状を見ると、株価が元気か、それともくたびれているか、暴れているか静かにしているか、一瞬にして判断できます。

たとえば、実体部分がとても長く、始値から終値まで大きな値幅を一直線で動いたローソク足は「大陽線」「大陰線」と呼ばれ、イキのいい大きな魚のようなものです。

大陽線の始値で買って、終値で売れば大儲けできたことになりますから、投資家にとってはおいしいごちそうです。

一方、実体部分が短く、上ヒゲや下ヒゲが非常に長いローソク足は、期間中に一方通行の動きが起こったものの、その勢いが失速して、最終的には行って来いの肩透かしに終わった値動きです。

たとえば、上ヒゲがとても長い陰線は最初勢いよく跳ねたものの、そのあと急に元気がなくなった魚のようなもの。

次ページ図2-1にさまざまなローソク足の形とその間、どういう値動きをし

たかを示しました。たった1本のローソク足の中にも、さまざまなドラマがあることを目で見て、すぐに感じ取れるようになってください。

図2-1 ローソク足の形とその間に起こった値動き

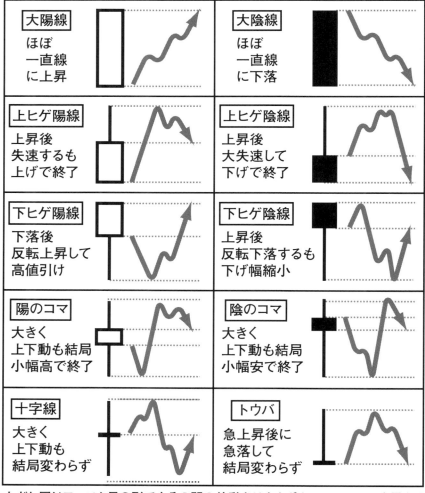

ただし同じローソク足の形でもその間の値動きはさまざま。ニュアンスも異なる

さらに、ローソク足は組み合わせて見ることで値動きの強弱がわかります。ここでは、下落シグナルである「弱い動き」の組み合わせを見ておきましょう。

図2-2　ローソク足の組み合わせと値動きの強弱

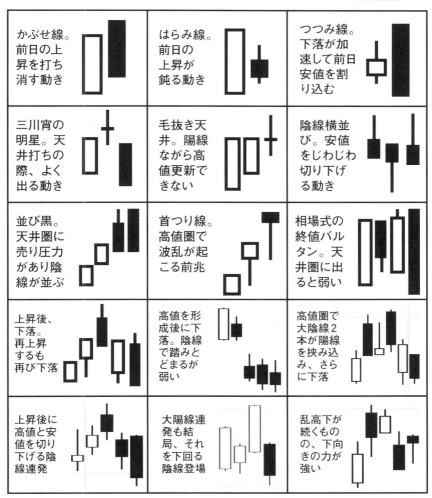

高値圏、底値圏、トレンド初期・中期・末期・転換期のどこで出るかも重要

前ページ**図2-2**の中には、2018年の日経平均株価の急落前など、実際の値動きから抜き出した弱いローソク足の組み合わせも含まれています。

　カラ売りでは、株価が高値に到達したあと、下落に転じるときの「弱い値動き」を察知する必要があります。そのとき、前日の陽線より高く始まったものの、大きく下落して大陰線で終わる値動き、高値を更新できず、逆に安値を割り込む値動きなどは、「弱い！」と感じて売りを入れる貴重な判断材料になります。

　ローソク足に関しては、たくさんのチャートの、さまざまな組み合わせを実際に見るのが一番。そのときの値動きを頭に思い描いて、「これは強い」「これは弱い」という形や組み合わせを、心と体に刻み込む以外にありません。練習、練習、練習、鍛錬、鍛錬、鍛錬ですっ！

➤相場式で最重要なのは「移動平均線」

　ローソク足が値動きの鮮度、勢いを感じるものとするなら、移動平均線は値動きの流れ方や方向性、すなわち株価にとって一番重要な「トレンド」を見るためのものです。

　その名の通り、移動平均線は、ある期間の株価の値動きの終値を足して期間で割り、その平均値を結んだもの。5日移動平均線といえば、その日＋1日前＋2日前＋3日前＋4日前の株価の終値を足して5で割った5日間の平均値を1日ごとに計算して結んだ線になります。

　ローソク足というのは日々、飛んだり跳ねたりしていて、その動きに目を奪われすぎると、近視眼的になってしまいます。一つ一つの値動きをいちいち追いかけていると、逆に混乱しまうことも。

　その点、移動平均線が素晴らしいのは、株価、短期移動平均線、長期移動平均線の並びや傾きを見るだけで、たちまちのうちに、値動きの方向性＝トレンドがわかってしまうから。

　移動平均線のことをまったく知らない人からしたら、「うにょうにょ動いて、もつれ合うミミズ」かなにかに見えるかもしれません。

しかし、その「うにょうにょ」こそ、値動きのエキス、つまり、ある期間中の株価の平均値を抽出したものです。

上昇トレンドが続く局面では、上から順に「株価＞短期移動平均線＞長期線」という並びになり、逆に下降局面では、上から順に「長期線＞短期線＞株価」の順になります。

つまり、期間の違う移動平均線を表示すると、その並びの変化から株価のトレンドの変化を察知することができるのです。

図2-3に株価と短期線、長期線の並びの、起こりうるパターンをすべて網羅してみました。移動平均線のうにょうにょした動きと並びの変化には、トレンドの継続や小休止、再加速や転換など、一つ一つ、とても大切な意味があるんですっ！（ちなみに、図中のローソク足の形はあくまで一例です）

むろん、並びだけでなく、傾きも大切です。移動平均線の傾きを見れば、株価が平均的に見て上がっているのか下がっているのか、すぐわかります。傾きが急か、ゆるやかかで、値動きの勢いも判断できます。

また、移動平均線はその計算の性質上、**期間の短いもののほうが株価の動きに素早く反応して、株価を追いかけるように動きやすくなります。**

図2-3 株価、短期線、長期線の並びで状況判断！

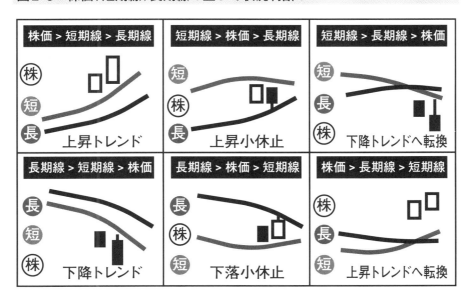

いわば「お調子もの」というか「尻軽」度数が上がる、というわけ。逆に**期間の長いもののほうが、多少の株価の値動きにはいちいち反応せず、ゆるやかに動きます**。ある意味、「頑固おやじ」度数が上がるのです。

➤「所詮、この世は5日線と20日線」とは？

相場式トレードでは、日足チャート上に「5日、20日、60日、100日、300日」という5つの期間の移動平均線を表示します。

5日は1週間、20日は土日を除いた1ヵ月、60日は3ヵ月、100日は約半年、300日はおよそ1年間の株価の値動きに相当し、人々が「節目」と感じる重要な時間軸です。

移動平均線はその期間の株価の平均値ですが、それは、その期間中に株の取引をした投資家たちの平均的な買い値、売り値と考えることもできます。

たとえば、株価が5日移動平均線の上にあれば、これまで5日間の平均値よりも高い株価でも買いたいという投資家が多い証拠です。
「これまでより高くても買う」という人がいないと株価は上昇しません。なので、買いの勢いが強いことがわかりますよね。

移動平均線のいいところは、この並びに注目するだけで、カラ売りで儲かる局面、買いで稼げる局面が簡単にわかってしまうこと。

たとえば、5日線が20日線の上にあって、ともに右肩上がりで上昇しているとき、株価はどこにありますか？

そうです！　多少の上下動はあるものの、株価は5日線の上にあって上昇を続けているはずです。5＞20の並びで両者がともにずっと右肩上がりなら、どのチャートでも株価は必ず上昇しています。

つまり、「移動平均線の並びが5＞20で、ともに右肩上がり」にあるときは基本的に買いをずっと保有していれば、利益がどんどん積み上がっていきます。逆に**「移動平均線の並びが20＞5で、ともに右肩下がり」のときこそ、売り玉を持っていれば、なにもしないでも、ほったらかしでも、カラ売りでザクザク利益が増えていく期間**になるのです。

相場式トレードでは、5日、20日、60日、100日、300日移動平均線が頻繁に登場します。

私が主宰する「株塾」のセミナーでは、各移動平均線に色をつけて「所詮、この世は赤（5日線）と緑（20日線）」と色で呼んでいますが、この本ではシンプルに「5」とか「20」と表現しますので、あしからず。

まずは相場ワールド全開の図2-4をご覧ください。

図2-4は2017年11月から2018年4月までの日経平均株価の値動きから、ローソク足を取り除いて、移動平均線だけを表示した日足チャートです。うにょうにょした複数の線だけを見て、株価のトレンドを分析したり、今は買い時か売り時かを判断するのが相場式トレードの第一歩。

図を見ると300日線が一貫して右肩上がりで、それより短い期間の平均線は一度も300日線を割り込んでいないことから、上昇トレンドが続いていることがわかります。

図のAのゾーンでは、移動平均線が5＞20＞60＞100＞300と、上から短期線→長期線の順にきれいに、右肩上がりで並んでいます。こういうところ

図2-4 移動平均線オンリーチャートのほうが流れがわかる

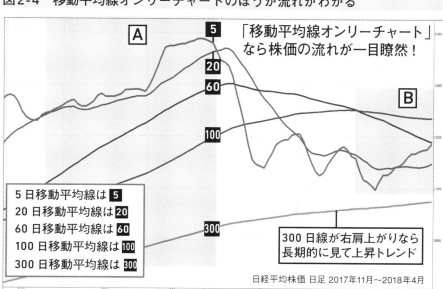

は、あとで見る「ＰＰＰ(パンパカパン)」という状態で、強い上昇トレンドになります。

反対にその並びが崩れたところは、上昇トレンドが小休止する「押し目」やトレンド途中に出現したもみ合い相場を示しています。

たとえば図のＢのゾーンは、上から100＞60＞20＞5＞300になっていて強い下落を示す並びでしたが、途中で5日線が上昇に転じて20日線を上抜け、60日線に近づいています。

うにょうにょチャートに慣れた人なら、「おっ、5日線が急に上昇に転じたということは、株価はその上にあるはずだから、これは下落局面から反転上昇に転じているはずだ」と、隠して見えないはずの株価の動きもはっきりイメージできるようになります。

ということで、ドン！

下の**図2-5**は、ローソク足も表示した同じ期間の日経平均株価の日足チャートになります。

ローソク足を入れても入れなくても、おおむね、これまでの値動きの判断に間違いがないことがおわかりでしょう。逆にローソク足があるほうが、個々の

図2-5　ローソク足入りの日経平均株価の推移

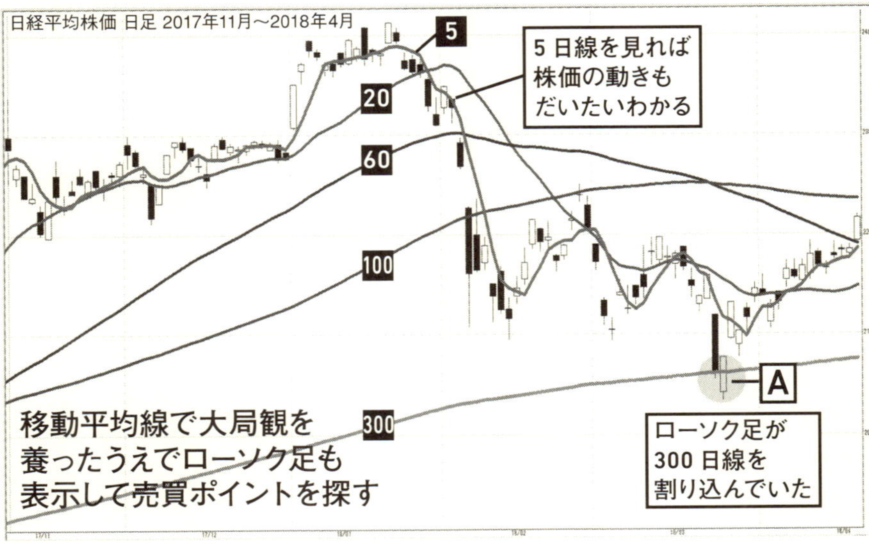

日経平均株価 日足 2017年11月〜2018年4月
5
20
60
100
300
5日線を見れば
株価の動きも
だいたいわかる
A
ローソク足が
300日線を
割り込んでいた
移動平均線で大局観を
養ったうえでローソク足も
表示して売買ポイントを探す

不規則な値動きに邪魔されて、株価の大局観や全体像を描きづらくなる面もあるぐらいです。むろん、移動平均線だけを示した図2-4では300日線を割り込むような動きは察知できませんでしたが、図2-5を見ると、Aの地点でいったん株価が300日線を割り込んでいることがわかるなど、ローソク足を表示しないと見えない細部の動きもあります。

　実際にトレードをするときは当然、ローソク足を表示しないと、肝心の新規売買ポイントや利益確定・損切りポイントを設定できません。

　まずは「移動平均線オンリーチャート」を見て、大局観・全体像・俯瞰図を頭の中に作成して、売買戦略を練りに練る。そのうえで、ローソク足も表示して具体的な売買ポイント探しに移る、というのが相場式トレードの手順になります。慣れると、ローソク足を表示しなくても、5日線を見るだけで株価の動きをクリアに想像できるようになります。

　そこでもう1例。まず下の図2-6を見て、このときの値動きを想像してみてください。図はある歴史的な暴落局面を移動平均線だけで示したものですが、図の中にないローソク足の動きを想像しながら、暴落に至るまでの移動平均線

図2-6　日経平均を襲った歴史的な暴落局面

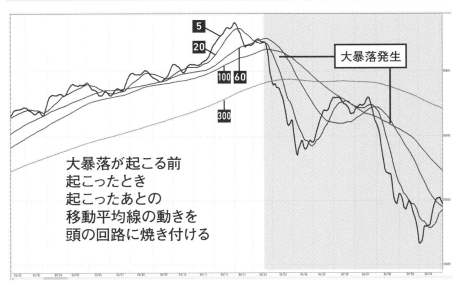

の様子を頭と心に焼き付けてください。図の画面左側では移動平均線がおおむね5＞20＞60＞100＞300の並びで右肩上がりに推移していて、ゆるやかな上昇トレンドが続いていたことがわかります。

　しかし、急転直下、灰色のゾーンに入ると5日線がバンジージャンプのように急降下して100日線を割り込み、続いて300日線もすぐに突破しました。いったん反転上昇しますが、時すでに遅し！　右肩下がりに転じた100日線が強力な壁になって再び、5日線が大きく下落しています。

　株価の上げ方・下げ方には違いがあると述べましたが、この図を見るだけでも「上昇はゆっくりじわじわ、下落はドカンと急激、波乱万丈に」というのがわかるでしょう。

　ということで、ドドンパ！　図2-6にローソク足も表示したものが**図2-7**です。このチャートは、今から30年前、日経平均株価が史上最高値をつけたあと、長期下落に転じたバブル崩壊前後の日足チャートでした。

　図のAは日経平均株価が1989年12月29日の大納会のザラ場中につけた最高値3万8957円、Bは1990年10月1日につけた安値1万9781円です。A

図2-7　最高値から半値水準まで暴落した日経平均

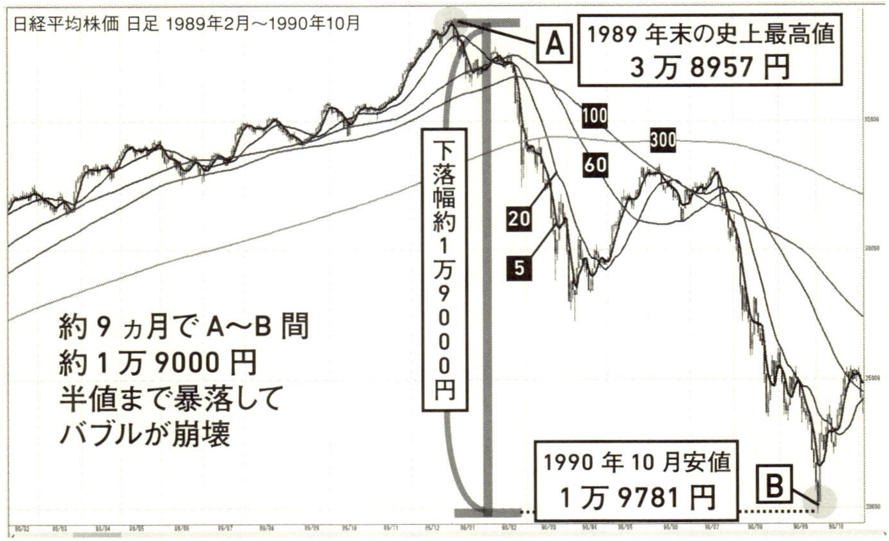

日経平均株価 日足 1989年2月～1990年10月

A　1989年末の史上最高値
3万8957円

100
300
60
20
5

下落幅約1万9000円

約9ヵ月でA～B間
約1万9000円
半値まで暴落して
バブルが崩壊

1990年10月安値
1万9781円　B

40

とBの値幅はなんと1万9176円。つまり、ほぼ10ヵ月の間に半値水準まで、値幅にして約2万円近くも急落したときの値動きが図の下落局面なのです。

さすがに下げすぎということもあり、日経平均株価は1991年3月に2万7270円まで戻しますが、その後は20年以上にわたって下げ相場が続くことになります。

ローソク足を表示することで、図のBの安値1万9781円のように、暴落も株価2万円といったキリのいい「節目」近辺ではさすがに下げ止まりやすいことがわかります。

しかし、大局的な値動きを把握するうえでは、ローソク足を表示しないほうが株価の流れを単純明快に見渡すことができます。特に注意したいのは、歴史的な暴落局面における移動平均線の「暴れ方」です。

下落局面は「ドカンと急激に」が基本の値動きになりますが、もう一つの特徴は、株価が乱高下しやすいこと。

急激な下落が終わったあとは、かなり大きな「リバウンド上昇」局面が登場するもの。荒い波の上でサーフィンする感覚といったらいいでしょうか。こうした下落相場の中の上昇局面を相場式トレードでは「下げのための上げ」と呼びます。

売りを基本にしながらもリバウンド局面では、恐る恐る買いを保有することが必要になってきます。非常に大きな下落とその後のリバウンド上昇、そこからまた強烈な下げ……。
「とてもじゃないが、こんな値動きにはついていけない」と感じる人も多いでしょう。

しかし、予測不能に見えてしまう乱高下相場の値動きも、相場式シグナルを駆使すれば予測可能になります。本書ではその方法を、これから詳細にじっくり解説していきます。

とりあえず今は
「株価が急激に下落したあとには結構、派手なリバウンド上昇あり！」
ということを頭に入れておいてください。

THE SAFEST METHOD OF SHORT SELLING IN THE WORLD

O4 カラ売りで勝つための
相場式シグナル＆法則

The Signal
of
Short Selling

　株を的確なタイミングで買ったり売ったりするには、売買判断の拠り所になる基準や優秀な売買シグナルが必要です。

　相場師朗が株歴36年のノウハウを結集して編み出した数々の超オリジナルのシグナルには、とってもユニークな名前がついています。

　今のところⒸやⓇを入れるつもりはありませんが、その性能だけは保証いたします。

　「ここで買い／売り」「ここで利益確定」という判断を下すうえで必要不可欠なシグナルについては、すでに既刊本でも詳しく解説していますが、カラ売り専用にチューンナップした形でご紹介しましょう。

➤「下半身」「逆下半身」と移動平均線の並び

　「下半身・逆下半身」──このちょっと奇妙で、「ぷっ」と笑ってしまうような名称のシグナルは相場式トレードの代名詞になっています。

　それは、ローソク足と5日移動平均線が織りなす、とってもロマンチックな恋のシグナル、いや株のシグナルです。

　右ページ**図2-8**にその概念図を示しましたが、**5日線をまたぐ形でローソクの実体部分が上から下に突き抜けた陰線が、株価の下落開始を告げる「逆下半身」**になります。

図2-8 「下半身」「逆下半身」シグナルとは?

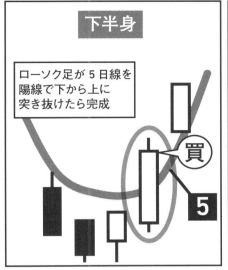
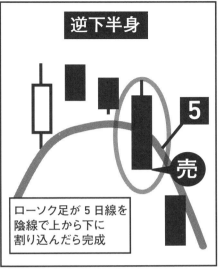

逆に5日線を陽線で下から上に突き抜けるのが「下半身」です。

相場式トレードを聞きかじった人の中には「下半身は買い」「逆下半身は売り」ですべてOKと勘違いされている人もいますが、それは間違い。

そう判断する前に、必ず確認しなければならないことがあります。

それは、移動平均線の並びと傾き!!

下半身・逆下半身は、このシグナルだけ使っても「株で1億円達成!」も夢ではない相場式トレード最強の武器です。

でも、それが実戦で本当に役立つ、頼もしい武器になるためには、移動平均線の並びもちゃんと押さえておかないといけない!

この点を誤解している人も多いようですので、ここでは「下半身シグナル発生で買っていい移動平均線の並び」「逆下半身シグナル完成でカラ売りしていい移動平均線の並び」を徹底的に解説しておきましょう。

➤「上昇トレンド」の並びと下半身・逆下半身

まだ買いだけしか経験のない初心者の方は「あれ、株を買ってみたけど、全

然上がらないぞ」という体験をお持ちではないでしょうか。

そんなときは移動平均線の並びと傾きに注目してください。

移動平均線が上から順番に60日線＞20日線＞5日線と並んでいませんか？しかも5日線はともかく、20日線や60日線が右肩下がりになっていませんか？

移動平均線の並びが60＞20＞5になっているのは、強い下降トレンドが続いている状態です。下降トレンドのときに、たとえローソク足が少し上がったからといって買いを入れてもなかなかうまく行きません。

逆に、そんなときは株価が5日線を越えて上昇したあと、その上の20日線にぶつかって、力なく下げてきたところで、カラ売りを入れるチャンスを待つべきなのです。

つまり、下半身・逆下半身という相場式シグナルを生かすために、最も注意しなければならないのは移動平均線の並びです。

買いで勝負するにしてもカラ売りを狙うにしても、まずは5日線、20日線、60日線といった長短移動平均線の並びに注目する"クセ"をつけてください。

ちなみに、3つの移動平均線の並びは全部で6通り。上昇トレンドの成立条件は移動平均線が右肩上がりのときですが、ここでは一番長期間の60日移動平均線が右肩上がりのときを「上昇トレンド」と見なして、並びの変化を順に見ていきましょう。

右ページの**図2-9**は、①強い上昇トレンドと②その上昇が小休止したときの5、20、60日線の並びです。

移動平均線の並びがどのように変化したとき、どのポイントで下半身シグナルが出たら、実際に買いを入れると成功しやすいかを検証します。

図2-9①の5＞20＞60の並びで、3本の移動平均線が右肩上がりのときは、この状態が続く限り、どこで買っても儲かります。

ただし、より安く買いたいなら、株価が少し下落して20日線に近づいたあと、再び上昇に転じ、5日線を抜けたところで買うのがいいですよね？　このとき、ローソク足が陽線なら、それが相場式トレードでいうところの「下半身」。買って大正解のシグナルになります。

図2-9　移動平均線の並びと下半身（上昇トレンド時）

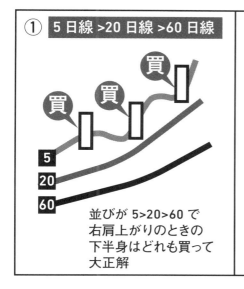
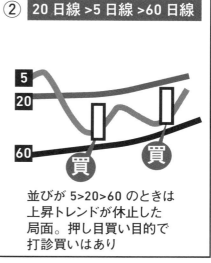

　とにかく、株価の値動きに合わせて、移動平均線の並びがどう変化するか、パッとイメージできることが大切です。そのために常に意識しておきたいのが「5日線は株価のお尻を追いかけて動く」という"お約束"。

　たとえば、①の5＞20＞60の並びのとき、株価が5日線を割り込んだあと、再び上昇して5日線を下半身で突き抜けたとします。

　そのとき、5日線はどうなっていますか？

　株価が上昇しているわけですから、5日線も上向きに転じて、再び5＞20＞60という強い上昇トレンドの並びに戻っているはずですよね？

　移動平均線の並びが強い上昇トレンドに戻ったときに出た下半身は買って正解！　となるわけです。

　その後、株価が下落して5日線も下を向き、20日線を割り込んだとしましょう。移動平均線の並びは図2-9②の20＞5＞60になります。

　このとき、株価は5日線、さらに20日線の下にあるので、売りでの勝負も考えられます。逆に買いで勝負できるのは、5日線が反転して上を向き、そこを株価が下半身で上抜けたところになります。買いの根拠になるのは20日線、60日線がまだ20＞60の並びで、ともに上向きだから。つまり、まだ長期的

に見て上昇トレンドが健在だからです。

　しかし、下の図2-10に示したように、株価がさらに下がって、5日線が60日線を割り込んで③の20＞60＞5になったり、20日線も60日線割れして④の60＞20＞5になったとき、株価はどこにあるでしょう？
　そうです！　株価はすでに60日線の下にあって、下落しているはずです。そうなると、60日線がかろうじて右肩上がりだとしても、下半身が出たからといって買いで勝負する場面とはいえません。
　逆に株価がいったん反転上昇したものの、再び5日線を陰線で下回ったとき、すなわち、逆下半身シグナルが点灯したとき、売りで勝負することを考えたい場面といえます。おそらく、この状況になると、60日線も横ばい、ひょっとしたら右肩下がりに転じているはずです。
　そうなると大前提の「上昇トレンド」が崩れそうになっているわけですから、買いで入るのはリスクが高くなります。
　もちろん、ほかになにか理由があれば、急落した株価が5日線を再び下半身で越えたところで買い、という選択肢もあります。でも、その際は、上にある

図2-10　上昇トレンドの並びが崩れたときの売買戦略

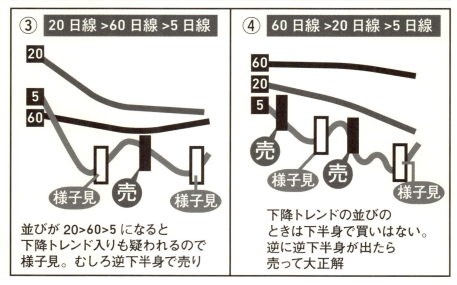

60日線や20日線に株価や5日線がぶつかったとき、跳ね返されて、再び下がる可能性を視野に入れておくべきです。

特に、④の60＞20＞5の場合、株価がさらに下落して、60日線も右肩下がりになれば、これはもう、下降トレンドに転換したことになります。上昇トレンドが崩れることを見越して、再上昇した株価が再び下落して5日線に対して逆下半身になったときなどは、打診売りを入れておくべき局面といえるでしょう。

とはいえ、下の図2-11に示したように、④の60＞20＞5から株価が上昇に転じて、5日線が20日線を越え⑤の60＞5＞20になったら上昇トレンド回帰の芽も出てきます。このとき、株価は5日線の上にあるはずですが、図のようにいったん下落したあと、上昇に転じたときに下半身シグナルが出たら打診買いしてもいいでしょう。

ただし、その場合もまだ上にある60日線を、株価の上昇を阻む壁として意識しておきましょう。60日線にぶつかって、株価や5日線がまた下がり始めたら、早々に利益確定して様子見すべきです。

図2-11　上昇トレンドへ回帰するときの売買戦略

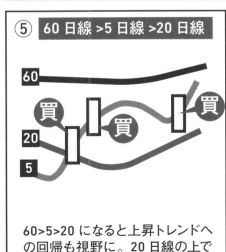

⑤ 60日線＞5日線＞20日線

60＞5＞20になると上昇トレンドへの回帰も視野に。20日線の上で起こる下半身は打診買いしていい

⑥ 5日線＞60日線＞20日線

60日線突破で上昇の勢いが復活。5日線の反転上昇の際に出る下半身は買って正解

さらに、5日線が60日線を越え、⑥の5＞60＞20の並びになると、上昇の勢いがかなり復活してきたシグナルになります。この並びになる前には、株価が60日線を越えているはず。

　たとえば、ローソク足が60日線を下半身で上抜けたところなどはひとつの買いチャンスになります。株価の上昇がそのまま続くと、20日線も60日線を上抜き、図2-9で見た①の5＞20＞60という強い上昇トレンドの並びに回帰します。

　実戦に即したかなり細かい話になってしまいましたが、**相場式の優先順位はあくまで、①移動平均線の並び、②その並びがどう変化するかを意識して、「なる前」の状況を確認し、「なったあと」の状況をあらかじめ想定しておくこと。**

　移動平均線を使った株価の状況判断があるからこそ、下半身・逆下半身などローソク足が発する売買シグナルも精度が高まり、実際に利益を出せる"打ち出の小槌"になるのです。

➤「下降トレンド」の並びと下半身・逆下半身

　本書はカラ売りの本ですから、下降トレンドのときの移動平均線の並びも見ておきましょう（右ページ**図2-12**）。

　強い下降トレンドが続いているときの並びは、①の60＞20＞5になり、3本の線が右肩下がりの状態です。株価が少し上昇して、5日線を越えたものの、再び5日線を陰線で割り込んで逆下半身シグナルが完成したところがカラ売りポイントになります。

　しかし、株価が5日線、20日線を越えて上昇に転じ、②の60＞5＞20になると下落が小休止した状態になります。そのまま上昇が続く可能性もありますが、60日線は相変わらず下向きなので下降トレンド継続と判断。60日線まで株価が届かず下落に転じ、5日線がお辞儀するように下を向いたところに出た逆下半身での売りが有効になります。

　その後、5日線が60日線を越えて、③の5＞60＞20の並びになったら、株価はさらにその上を行っているので、下降トレンドから上昇トレンドへの転換も視野に入ります。60日線の上で株価がいったん下がったあと上昇が再開し、5日線を下半身で上に抜けたところなどは逆に買いチャンスになるでしょ

図2-12　下降トレンドにおける売買戦略

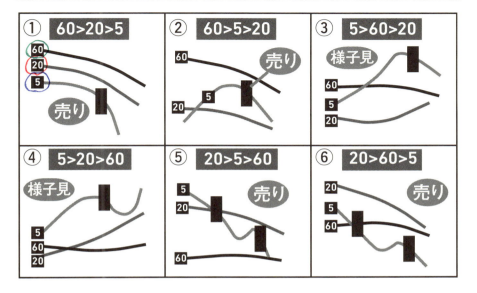

う。

　そして、④の5＞20＞60という上昇トレンドの並びが完成して、60日線も横ばいから右肩上がりに転じたら、もう完全な上昇トレンド。たとえば、図に示したように、右肩上がりの5日線に対してローソク足が逆下半身で一時的に下に抜けても、そこは売りではありません。

　その後、⑤の20＞5＞60から⑥の20＞60＞5へ、再び5日線が下落していく流れは、また下降トレンドに戻る過程になります。当然、株価は5日線の下を率先して急落していることになりますから、いったん5日線まで上昇したものの再び陰線で5日線を抜けるような逆下半身は売りポイントのひとつになります。

　下落が続き、再び①の60＞20＞5という強い下降トレンドの並びが復活したときは、逆下半身シグナルを活用した売りポジションをすでに持っていて、かなり利益が出ている状態で迎えたいものです。

　——と、ここまで移動平均線の並びの変化とそれにともなう下半身・逆下半身シグナルに対する対処法を見てきました。

株価の値動きにともなって移動平均線の並びはじわじわと変化していきます。ある程度、慣れてくれば、①の60＞20＞5という強い下降トレンドの並びになったあと、次に来る並びは②の60＞5＞20しかないことがわかるようになります。5日線がまだ一番下にあるのに、20日線だけが上昇して、20＞60＞5の並びになることはほぼ100％ありえないのです。
　3本の移動平均線が同時にうにょうにょ動いているわけですから、なかなかその並びの変化を事前に予想するのは難しいことです。
　でも、そこは練習と鍛錬。これまでの図に示したような変化の順番がわかれば、ある移動平均線の並びになる前から、なったときのことを想定して、その並びに適した売買戦略を準備できるようになります。
　また、ある並びが完成したあとは、その次の並びがどうなるかを想定して、「なってから」の売買戦略も練ることができるのです。
　ちなみに下半身で買い、逆下半身で売りという売買戦略が通用しない典型例は、20日線や60日線が右肩下がりのときに同じく右肩下がりの5日線を一時的に株価が陽線で突き抜ける下半身、3本の線が右肩上がりのときに一時的に陰線が出て5日線を割り込むような逆下半身です。

図2-13　売買してはいけない下半身・逆下半身

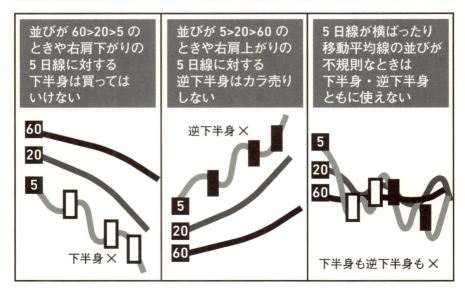

5日線、20日線、60日線が横ばいで、もつれ合いながら推移しているトレンドレスな状態のときもシグナルとして機能しません（前ページ図2-13参照）。

こういう下半身・逆下半身では売買しないのが基本。

そのあと、再び**移動平均線の傾き＝トレンドと同じ方向に株価が動いたときに出る逆下半身、下半身で売買するのが正解**になります。

➤実戦チャートで見る下半身・逆下半身

具体的なチャートで「売買に使える／使えない下半身・逆下半身」の見分け方を考えてみましょう。

図2-14は2017年11月から2018年3月の三井金属の日足チャートです。図のように5日線だけでなく、20日線、60日線、100日線も表示することで「どの逆下半身で売れば確率が高くなるか」「どの下半身で買っても成功しづらいのか」わかると思います。

基本的には60日線、100日線など長期線が右肩上がりのとき、長期線が株

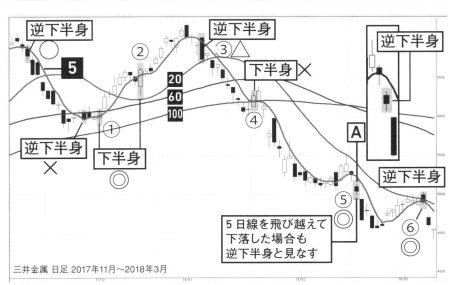

図2-14 下半身・逆下半身と移動平均線の並び（実戦例）

価の下落を食い止めるクッション役になった直後に出た下半身は買って正解
（図の①）、20日線が上向きなとき、その上で起こった下半身は買って大正解（図
の②）です。

逆に20日線が右肩下がりのとき、5日線が一時的な上昇から下向きに転じ
たときに出た図の⑤や⑥のような逆下半身は売りで勝負すべき。

5日線、20日線が右肩下がりのときの下半身は失敗する可能性が高くなり
ます（図の④）。

図の③のように、20、60、100日線が右肩上がりのときに出た逆下半身は悩
みどころです。図の場合、画面左でつけた高値を越えることができずに下落し
た直後に出た逆下半身なので、打診売りしてみる価値はありました。

単純にローソク足が5日線を陰線や陽線で抜けるところだけに注目せず、長
短移動平均線の並びやあとで見る「キリのいい株価」「前の高値・安値」など
にも注目して売買判断することが大切です。

「下半身で買い、逆下半身で売り」という相場式トレードのNo.1シグナルは、
移動平均線の並びなどを考慮して初めて、優秀な株職人の最強の道具や技術に
なるのです！

➤「7の法則」で上下動のリズムをつかむ

「7の法則」そして「9の法則」は株を買ったりカラ売りしたあと、どこで利
益確定するか、その判断材料に使える法則で、相場式トレードには欠かせない
ものです。

2つの法則を使うときも、下半身・逆下半身同様に移動平均線の並びが重要
になります。

株価の並びが5＞20＞60（＞100）で、強い上昇トレンドのとき（あとで見る
「PPP」）、その上昇がどこまで続くか、どこで終わるか、逆に上昇から下
落に転じるのはいつかを測る目安になるのは「9の法則」です。

株価の並びが（100＞）60＞20＞5となって強い下降トレンドが続いてい
るときでも、ローソク足9本前後、下落が続くと、さすがにいったんトレンド
が小休止すると考えます。

対して「7の法則」は主に移動平均線がＰＰＰや逆ＰＰＰ以外のときに使うもので、実際に売買したあと、どこで利益を確定するかの具体的な判断基準になるシグナルです。

最近、私は「9の法則」のほうをより重視していますが、まずは「7の法則」についても解説しておきましょう。

7の法則はどんな上昇、下落も一直線にえんえんと続くことはなく、下落の場合は終値ベースで7日下げると、いったん下げ止まる（もしくは上がる）可能性が高いので、売りで勝負していたら利益確定したほうがいい、という目安です。

数え始める起点となるローソク足は、下落が始まる前の終値が一番高いローソク足。その後、陰線が続いて終値が下がり続けている間は「2、3、4…」とカウントし続けます。陽線でも終値が前日より大幅に下落していたら、下落の1本と数えます。

ただし、終値ベースで下落していても、100円単位、500円単位などキリのいい株価にぶつかって長い下ヒゲが出たり、翌日、大きく下げないなど、「怪しい！」と感じたときは、陰線でもカウントを仕切り直すこともあります。

そして、終値ベースで上昇したり、大幅下落しない形で陽線が出たら、そこでカウント終了。

より手堅い利益確定を目指すなら、とにかく陽線が出たり、それまで右肩下がりだった5日線が横ばってきたら、売りを切ってもかまいません。

多くの場合、下落が7まで続くことはなく、4ぐらいで終わって、翌日から反転上昇に転じることが多いもの。特に上昇トレンドにおける一時的な下げ局面では、7まで下落が続くほうがレアケースです。

「7の法則の平均はだいたい4」というのも頭に入れておきましょう。

株価は生き物ですから、7の法則はあくまで「目安」にすぎません。そういうと言い訳がましく聞こえるかもしれませんが、「多くの上昇、下落は7で終わる」という"ものさし"があるだけでもすごいこと。

たとえば、逆下半身でカラ売りを入れて予想通り、下落が続いたとき、「そろそろ下落も5日目だし、7の法則から考えて、次、陽線が出たら買い決済するか」という利益確定の目標を設定しやすくなります。

7の法則は逆下半身、下半身シグナルといっしょに使うと、実戦でもものす

53

ごい武器になるのです。

図2-15は先ほどの三井金属の下半身・逆下半身シグナル発生前後の値動きに7の法則を適用したものです。

逆下半身発生後の下落を数えてみると、10まで続いたレアケースもありますが、4、5あたりで終わることが多くなっています。7の法則であと2、3本ですから、腹八分で利益確定するタイミングとみなしてよいでしょう。

投資格言では「頭と尻尾はくれてやれ」とか「売り買いは腹八分目」といいますが、7の法則は安全で着実な取引を行うための知恵です。

逆下半身、下半身で新規に取引を始め、7の法則に従って利益確定すれば、手堅く、こつこつ利益を積み上げることができるわけです。

➤「9の法則」で上昇・下降局面をとらえる

7の法則は買いのときは陰線、売りのときは陽線が出たら、基本はいったん取引終了を考えることになります。

図2-15 下半身&「7の法則」でばっちり利益確定する

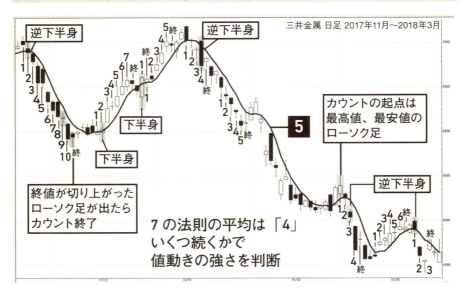

ただ実戦では、20日線も60日線も下向きで、その下にある5日線のさらに下で株価が下落を続けている局面でも、1日、2日、前日終値を上回るような陽線が出ることがあります。

　そこで「下落が終了か」と思いきや、その後、再び下げに転じていくケースです。

　そんなときに、より利益を伸ばすために役立つのが「9の法則」です。

　下落9の法則は、5日線を下回るような下落局面は最大でも9日程度しか続かない、というもの。陰線か陽線かは無視して、ローソク足が5日線を下回っている間はカウントを続けます。

　ただし、9の法則では移動平均線の並びにも注意してください。

　移動平均線が5＞20＞60(＞100)の順番で並んでいる上昇トレンドのとき、5日線の下で株価が9日間も下落し続けることはありえません。

　反対に、たとえ並びが（100＞）60＞20＞5の強い下落トレンドが続いていたとしても、さすがに下落がローソク足9本以上も、えんえんと続くことはない、というのが9の法則の本質です。

　つまり、**単なる利益確定の目安である7の法則と違い、トレンドがどこまで継続するか、どこで小休止するか、はたまたトレンド転換するのか、といったトレンドの予測にも使えるのが9の法則の優れた点なのです。**

　9の法則は7の法則と違って、**陽線、陰線、もしくは終値ベースで前日を上回っているか下回っているかに関係なく、下落や上昇が始まったところから、下落、上昇が続いている間のローソク足をすべてカウント**します。

　今が下落局面か、上昇局面かの判断には5日線を使います。

　株価の下落が始まって、5日線を逆下半身などでまたいで下がったあと、5日線を割り込み続けている間は下落局面と考えます。

　そうした下落の過程で出たローソク足も9本続けば終わりで、5日線を越えるような上昇に転じることが多くなる、と考えるわけです。

　こちらも**逆下半身、下半身という新規売買シグナルとセットで使うべき法則**です。

　たとえば、逆下半身発生で売りエントリーしたあと、早々に前日終値を少し上回る陽線が出て7の法則からすれば利益確定すべきタイミングになったとし

ます。

　しかし、ローソク足はまだ5日線の下にあり、5日線も右肩下がりで推移していて、下落の勢いが強そうです。

　そういったときは9の法則に切り替えて、**株価や5日線が数日間横ばいで推移し続けるか、もしくは下半身シグナル発生などで5日線を越える動きが出るまで利益を伸ばし続ける**、といったトレードに利用することができます。

　図2-16は日本航空の日足チャートですが、きれいな（!?）下降トレンドが続いています。

　ただ、どんなに強いトレンド相場でも小休止はあるもの。そのリズムを測るときに、この9の法則が使えます。

　最高値となったローソク足から下落が続いた日数を、陰線、陽線にかかわりなく数えてみると、時には10を越える場合もありますが、多くの場合は9前後でいったん下落トレンドが弱まり、株価が戻しているのがわかります。

　「9の法則というからには絶対9じゃなきゃダメ」なんて野暮なことはいわないでください。

図2-16　トレンド継続局面で使える「9の法則」

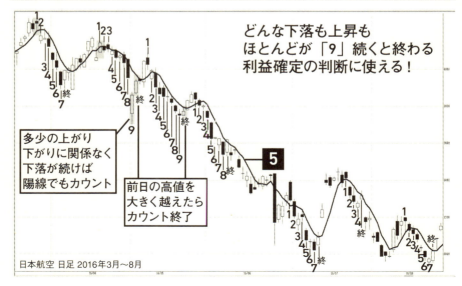

真っ暗闇の未来の中から1本ずつ現れてくるローソク足。

何本目にお化けが出てきて襲いかかってくるかわからない状況の中、「だいたい9本目ぐらいで襲われるな」と前もって身構えているだけでも、かなり役立ちます。

7の法則も9の法則も、利益確定に役立つこと間違いなしですが、同時に、次は反対方向の値動きが7もしくは9続く可能性が高いわけですから、新規売買のタイミングを測る際にも使えます。

新規の取引そのものは新たに下半身・逆下半身シグナルなどが出てからになりますが、7、9の法則を身につければ「そろそろ反転するな」と前もって準備しておくことができるようになるのです。

➣5日線、20日線が織りなすシグナル一覧

私、相場師朗の口グセは「所詮、人生、赤と緑」。赤は女性…いや、5日移動平均線、緑は男…いや、20日移動平均線です。

チャート上では5日線も20日線もうにゃうにゃ動いており、5日線のほうが株価の値動きをダイレクトに反映するので「くにゃくにゃ度数」が高く、2本の線は離れたり近づいたり交差したり、さまざまな形で移ろい、株価の方向性＝トレンドの継続、加速、失速、転換を教えてくれます。

すでに既著でも触れていますが、5日線と20日線が発するシグナルの数々も、カラ売りの売買判断に役立つものばかり。

少し駆け足になりますが、その使い方を概観しておきましょう。

クレヨン

これは、5日線と20日線が間隔を保ちながら平行の状態で同じ方向に向かって上がっているか、下がっている状況を指す相場式シグナルです。

下げのクレヨンが続いている間は売りを継続していれば、利益をどんどん増やせます。**下落が加速すると両者の間隔は平行から拡大に向かいますが、その場合はクレヨン継続**と考えます。

5日線と20日線がともに横ばいのときは、いくら平行でもクレヨンとは見なしません。

下降トレンドの場合は、株価と移動平均線が上から20日線＞5日線＞株価の順に並び、3つがある程度の間隔を保ちながら平行して右肩下がりに下落していく形になります。

　この下降クレヨンこそ、カラ売りの稼ぎ時。下降クレヨン発生前に多少でも売りを仕込むことができれば、発生を確認してから入れたカラ売り玉と合わせて、そのぶん、利益を大きくできます。

　逆に**下降クレヨンの並びが崩れたら、いったん利益確定を考えます**（図2-17 a）。

　この図にはありませんが、チャートソフトを使って練習したり実戦売買するときは、5日線に加えて、3日線、7日線も表示して、下落クレヨン状態にあった3日線と5日線が上向きもしくは横ばいに転じて7日線に接したところが、下げの利益確定ポイントと考えましょう。

くちばし

　5日線が20日線を下から上に突き抜けるときの両者の鋭角な交わりが「くちばし」シグナルです。逆に、5日線が20日線を上から下に鋭角に割り込むのが

図2-17　下落局面のクレヨン、くちばしの具体例

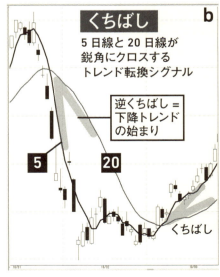

「逆くちばし」で、株価のトレンドが下方向に転換し、投資家の力関係が買い優勢から売り優勢に変化したことを示します。

5日線も20日線も傾きが急で、鋭い角度になっているほど、くちばしシグナルのトレンド転換の勢いは強いと判断します。

世の中では短期移動平均線と長期移動平均線の交差を「ゴールデンクロス、デッドクロス」といいますが、長期線が横ばいの場合はクロスしたかに見えて、その後、株価がもみあってB局面（横ばい）に入ってしまうケースも多くなります。

対して、すでに下を向いている20日線を上から下に5日線がきれいに下抜ける逆くちばしのほうが、その後、株価が下落する確率は高くなります（前ページ図2-17 b）。

逆くちばしの発生前にはローソク足がすでに5日線、20日線を下に抜けているはずで、逆下半身シグナルが点灯している可能性が高くなります。

さらに逆くちばしが発生すれば、それは下降トレンドが本格化したことを示すもの。売りを追加したり、カラ売り玉を継続保有して利益を伸ばすチャンスです。

ものわかれ

5日線と20日線がクレヨンの状態になってトレンドが加速したあと、いったん5日線が20日線のほうに近づいたものの、結局、また離れ離れになって元のトレンドが加速するシグナルになるのが、「ものわかれ」です。下降トレンドでは追加売り、上昇トレンドでは追加買いのシグナルになります。

下降局面でものわかれが発生する直前は、ローソク足が5日線を下に突き抜ける逆下半身が起こっている確率が非常に高くなります。

すでにカラ売りに慣れた中級者なら、その逆下半身で新規売りして、ものわかれ完成で売りを継続したり追加したりして利益を伸ばします（次ページ図2-18 a）。

初心者の方はものわかれが完成したのを確認してから新規売りしても十分、間に合います。

N大・逆N大

　N大は、ものわかれの一種で、トレンド転換の初動段階によく出現するシグナルです。

　逆N大の場合は、20日線の上にあった5日線が20日線を越えて下落を始めたあと、いったん20日線近辺まで反転上昇。しかし、20日線を越えることなく再び下落を始めて、20日線に対してNの字を描いて下落すると完成します。

　つまり直前にくちばしが起こったあと、ものわかれになるケースです。

　トレンド転換が起こる最初の段階ではよくこのN大の動きが起こり、大相場に発展するケースが非常に多いので、注目しましょう。

　逆N大が発生するときは、ローソク足がいったん20日線前後まで上昇したものの、20日線を完全に越えきることができずに再下落する形になります。これまで支持帯だった20日線が抵抗帯に変化したことを確認することでトレンドが本格的に転換するのが、逆N大シグナルの示す値動きになります（図2-18ｂ）。

図2-18　下落局面のものわかれ、N大の具体例

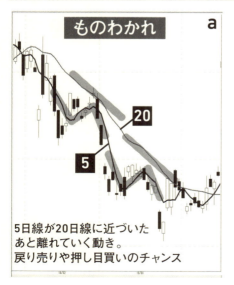
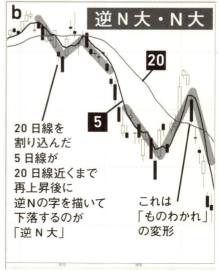

➤「キリのいい株価」や3ヵ月・6ヵ月の「時間的節目」に注目

　相場式が値動きの転換点として非常に重要視するのが、「キリのいい株価」です。3桁の株価なら100円や200円、1000円台が節目になりやすく、次は150円や250円など50円単位になります。

　4桁の株価なら1000円とか5000円が節目になりやすく、次は500円単位です。**日経平均株価のように2万いくらというときは1万円とか2万円という大台が最も重要で、次が5000円、その次は1000円ごとが節目**になります。

　たとえば、図2-19は2007年から2008年にかけて下落が続いたソニーの週足チャートですが、①の長い上ヒゲ陽線が出現して、株価7000円台で上昇が止まったあと、5週線や20週線を割り込み、右肩上がりに転じた20週線が上値の壁になって下落が始まっています。

　反転上昇しても、②の6000円台、③の5000円台といったキリのいい株価の壁で踏みとどまることができず節目、節目で下落が加速しています。

　③の地点でつけた5000円突破の戻り高値は、下向きに転じた60週線にぶつかって、あっさり下げに転じているように、「キリのいい株価」にプラスし

図2-19　キリのいい株価に注目する

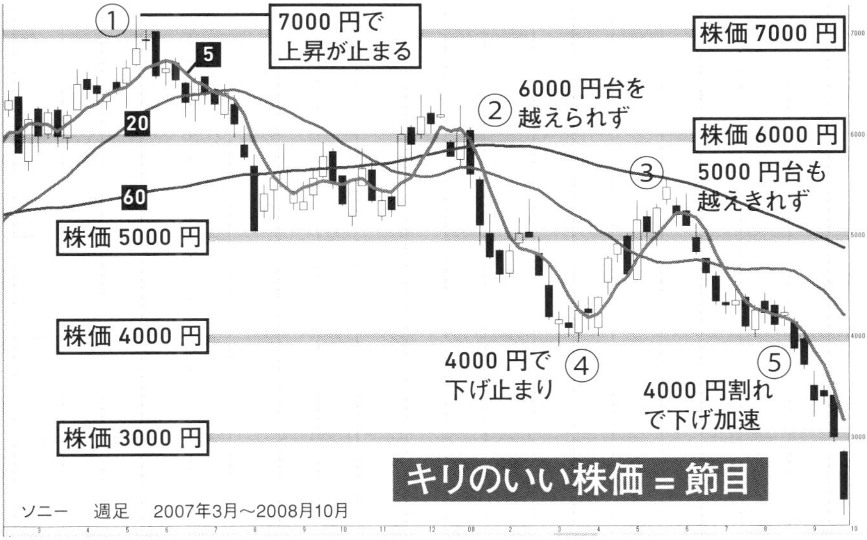

ソニー　週足　2007年3月〜2008年10月

て「上値にある右肩下がりの移動平均線」が重なったりすると、そこは株価の上昇を阻む強力な壁になることがわかります。

逆に④の下げ止まりポイントもちょうど株価4000円台で、その後、⑤の地点で④の安値を割り込んでからは下落が加速しています。

あとで見ますが「キリのいい株価＋前の安値・高値」も株価の重要なターニングポイントになります。とにかく、キリのいい株価というのは実戦でも相場の転換点になりやすいスイートスポット。今、株価がどの価格帯にあるかをたえずチェックしておく“クセ”をつけましょう。

また、株価の宿命は「上がったものは下がる」ですが、その**上下動のサイクルには3ヵ月、6ヵ月という時間的な節目**が使えます。

長い上昇トレンドや下降トレンドが続いたときは、9の法則で何日間もしくは何週間、上昇が続いているかをさかのぼって数えてみて、9本目に近づいたときには「そろそろ利益確定が入っていったん反対方向に振れるかな」「ひょっとしたらトレンドが転換して逆向きのトレンドが生まれるかも」と考えます。そのとき、上昇や下落が始まった時点から「今は何ヵ月目なんだろう」と振り返ってみてください。

すると「上昇が始まって3ヵ月経ったところで高値をつけて下がり始めた」とか「急激な下降トレンドだったけど、6ヵ月目に反転上昇に転じた」というように、不思議と3ヵ月目、6ヵ月目がトレンドに変化が起こる「節目」の日柄になりやすいことがわかります。

これもまた、実戦チャートで確認すると、トレンド発生→3ヵ月目あたりで、一部投資家の利益確定による調整局面→再度、トレンドが再開するものの…→6ヵ月目あたりでトレンド転換、という流れが非常に多いことがわかります。**上昇や下落が始まってから「今、何ヵ月目？」という視点も持つようになりましょう！**

➤「前の高値・安値」を越える／割り込む

3章で詳しく見ていきますが、株価は上昇・下落の上下動を繰り返して安値→高値→安値→高値→…とその過程で数々の安値や高値をつけていきます。上

62

昇トレンドというのは、安値と高値をどんどん切り上げていく動き。下降トレンドは逆に切り下げていく動きです。つまり、**トレンドが継続する・しないの非常に重要な判断材料になるのが「株価が前の高値を越えるか越えないか」、「前の安値を割り込むか割り込まないか」**ということです。

図 2-20 の概念図に示したように、**「株価が前の安値を割り込まずに反転上昇」「前の高値ラインを突破して上昇／割り込まずに反転上昇」したところは、上昇の勢いが加速する瞬間といえるので、買いでエントリーしたいポイント**になります。

たとえば、株価が前の高値付近まで下落したあと、ローソク足が5日線を下半身で突き抜けて再上昇したら買いでの勝負を考えたいところ。

逆にカラ売りの場合は**「株価が上値になる前の高値・安値ラインにぶつかって再下落」「前の安値ラインを割り込んで下落」したところを狙います。株価そのものの高値や安値だけでなく、5日線の高値・安値も重要です。**

こちらも図 2-20 の概念図のように、**「前の安値を割り込むか、それとも割り込まないで反転上昇するか」「前の高値を越えられるか、それとも越えられずに反転下落してしまうか」などがポイント**です。

図 2-20　前の高値・安値を使った売買判断

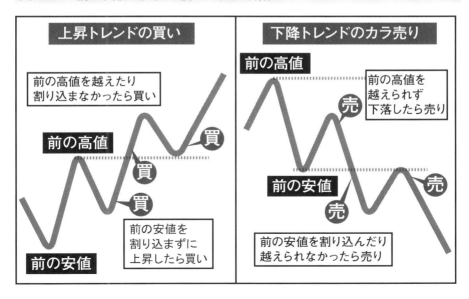

ちょうど、バスの運転手さんが「前よし、後ろよし」と前後左右を確認するように、**相場式トレードでは①移動平均線の並び、②キリのいい株価、③前の高値・安値、④ローソク足の本数（９の法則）という４項目をなかば無意識のうちに確認して、相場の分岐点や転換点を把握していくのが基本スタイル**になります。

「①よし、②よし、③よし、④よし、だったら株価は下がるはずだから、カラ売りだな」と以上４項目をたえずチェックして売買判断に役立てるのです。

　より具体的にいうと、まずは移動平均線の並びに注目。

　移動平均線が右肩下がりで（100＞）60＞20＞5の逆ＰＰＰの並びであるなど、弱い並びのとき、5日線に対して逆下半身シグナルが出るなど、下落の勢いが強くなったら、売りで入る。

　反対に5＞20＞60（＞100）など強い並びのとき、下半身など上昇の勢いが強くなるシグナルが出たら買いで入るのが基本になります。

　9の法則、キリのいい株価、株価や5日線の前の高値・安値も、新規売買や利益確定のタイミングを測る重要なチェックポイントです。

　さらに株価の上値や下値にある移動平均線も、株価の下落を食い止めるクッション役や上昇を阻む壁になりやすいので注目します。5日線、20日線、60日線など、移動平均線の並びの変化にもたえず注意を払いましょう。

　5日線と20日線が発するクレヨン、くちばし、ものわかれ、Ｎ大・逆Ｎ大といったシグナルが出ているかどうかも、追加の売りや買いを入れたり、利益確定するための貴重な判断材料になります。

　道具は移動平均線とローソク足だけですが、やるべきことはいろいろあります。でも、慣れたら、それほど難しい作業ではありません。まずは、過去のチャートを見て、上記の相場式シグナルが隠れている箇所を探す「リーディング」をさまざまな銘柄で行って練習、練習。

　チャートの最先端部分を隠して、「この次どうなる」「その次はどうなる」と1日1日を予想していく「紙芝居」も、これからどんなシグナルが起こるかを事前予測する能力強化につながります。リーディングや紙芝居といった練習を繰り返すことで、相場式シグナルを無意識のうちにチェックできる立派な株職人を目指してください。

➤「トライ届かず」で「株価の弱さ」を見る

株が下落するのは株価に勢いがなく、値動きが弱っているときです。

そんな**株価の弱さを測る相場式シグナルが「トライ届かず」**です。

前の高値やキリのいい株価など、上値にある目標に向かって何度も上昇しようとトライするものの、結局、そこを抜け切ることができず、逆に下落の勢いが加速してしまう値動きになります。

図2-21はリーマンショック後、株価が低迷していた2010年2月〜6月の日経平均株価ですが、1万1000円の大台を回復して①の高値をつけます。しかし、そこから4日下落が続き、Aで陽線が出たものの、その後、2日しか上昇せずに陰線②が出ました。

しかも、この陰線②は、前の高値である①まで届くことができずに失速して下落しました。

これが「トライ届かず」という相場式シグナルの具体例で、陰線②からさらに下落した翌日の陰線Bは売りのポイントになります。

その後、株価は陰線で2日間上昇し、再度、①や②の高値突破を目指します

図2-21 2011年の日経平均株価の「トライ届かず」

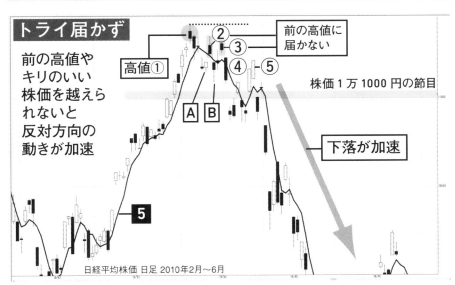

が、③は陰線。こんな場合は、「これは弱いな、再びトライ届かずか」と考えて様子見します。そこに出たのが④の大陰線。これは5日線に対して逆下半身になっているので、さらに追加売りすべきポイントになりました。

その後、株価は反転上昇し、陽線⑤の高値まで上昇しますが、この高値は①の高値にトライして届かなかった②や③の高値にも届かず下落に転じています。

この陽線⑤のような動きを相場式シグナルでは「トライ届かずからのトライ届かず」といい、「トライ届かず」以上に弱いシグナルと考えます。

前の高値に届かないで失速したり、キリのいい株価を突破しようと何度か試みるものの結局、定着できずに失速する値動きが「トライ届かず」で、株価の弱さを測るための貴重なモノサシになります。

終値バルタン

「トライ届かず」より短い期間に、2度高値をつけて反落する動きは「終値バルタン」と呼びます。図2-22は2011年6月〜8月の日経平均株価の終値線を示したものですが、こちらも2度高値をつけて下落する典型的なトライ届かずになっています。その際、トライ届かずとなった右側の高値の値動きを終値

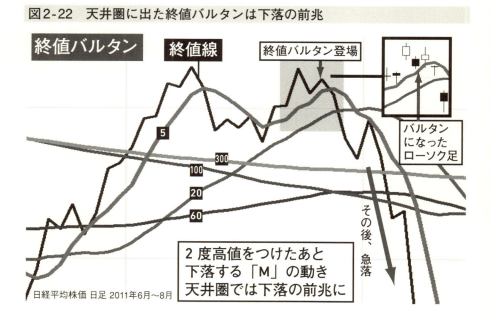

図2-22 天井圏に出た終値バルタンは下落の前兆

線で見ると、『ウルトラマン』にでてくる怪獣「バルタン星人」の頭のように とがった「M」字型の値動きになっています（知らない人はグーグルでググっ てみてくださいね！）。

このような短期的な上昇→下落→上昇→再下落の動きが相場の天井圏に、し かもダブルトップやトリプルトップ、トライ届かずなどにともなって出現する と、その後、下落が加速しやすいのです。単純なローソク足チャートだと、終 値バルタンを探すのが難しいので、チャートソフトに株価の終値を結んだだけ の折れ線グラフを表示しましょう。

すると、独特な「M」字型の行って来いの動きがクリアにわかります。ちな みにバルタンを逆さにしたような W の形は「おしり」。こちらは、相場が大底 圏のときに出ると、その後、反転上昇につながる前兆シグナルになります。

➤「2の法則」で5日線の失速を戻り売り

下落していた株価が上昇に転じると、そのあとを追うように短期移動平均線 が上昇に転じます。

強い下降トレンドが続いているときの株価と移動平均線の並びは、上から 100 > 60 > 20 > 5（日線）>株価という「逆PPP」になります。

逆PPPが形成されたあと、株価が反転上昇に転じると、5日線もそれにつ られて上昇し、まずは上にある 20 日線を下から上に抜け、次にその上にある 60 日線に向かっていきます。

でも、逆PPPからの上昇で5日線が到達できるのはせいぜい2本、上に ある 60 日線まで。そこまで上昇したら、反転下落することが多いので、戻り 売りの目安になる、というのが相場式「2の法則」です。

当然、並びが株価 > 5 > 20 > 60 > 100（日線）になって完璧な上昇トレ ンドが続いている「PPP」のときにも2の法則は使えます。

PPPが完成したあと、5日線が下落に転じても 20 日線を割り込んで 60 日 線まで下落すると自然と下げ止まって、反転上昇することが経験則として多く、 上昇2の法則と見なします。

図2-23は日経平均株価の2007年〜2008年の日足チャートですが、Aのライン以降、移動平均線の並びが300＞100＞60＞20＞5となり、「逆ＰＰＰ」が完成。連続下落のときの移動平均線の並び方です。

　その後の5日線の戻りを見ると、右肩下がりの20日線を突破して、60日線を目指すものの、株価も5日線も60日線までは届かず、Bの地点で反転下落に転じています。これこそ、2の法則です。

　ゆっくりじわじわ型の上昇トレンドの場合は、下にある60日線に1回接したあと反転上昇することが多いのに対して、下降トレンドの場合は上にある60日線に触れることができずに下落することも多いので、「1.5の法則」といってもいいかもしれません。

　2の法則を使えば、下降トレンドにおける戻り売りポイントを見つけやすくなるので覚えておきましょう。

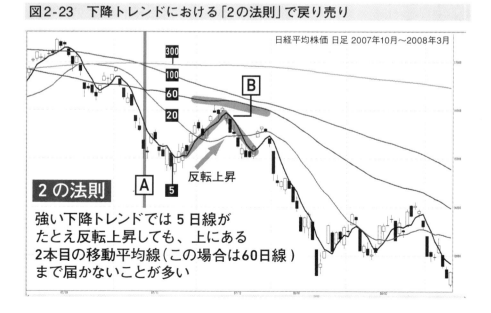

図2-23　下降トレンドにおける「2の法則」で戻り売り

第3章

「次の次」を読め！

下落時の基本戦略

THE SAFEST METHOD OF SHORT SELLING IN THE WORLD

05
The Strategy
of
Short Selling

過去のチャートから
下げ相場の
「習性」を見抜く

　当然のことですが、「カラ売り」で儲けるためには、「株価が下がる」必要があります。

　では、株が下がる局面にはどんなパターンがあるのでしょう?

　カラ売り職人になるためには、下げ相場のスペシャリスト、達人を目指すべき。

　そのためには、株価の下げパターンをすべて頭に叩き込み、まだ起こる前から「カラ売りストーリー」を妄想できるようにならないとなりません。

➤株価が下がるパターンはこの5つだけ

　そこで右ページ**図3-1**に下げ相場に至るまでの、考えられる全パターンの概念図を示しました。第1章では株価の値動きの基本形は「上げ→横ばい→下げ」といいました。相場式では、下げをA局面、横ばいをB局面、上げをC局面と呼んでいます。つまり、株価が上げたものの(C局面)、もう買いたいという人が出尽くしてしまって、それ以上、上がらず横ばい(B局面)で推移。そのあと、下げ始めてA局面に移行するところでカラ売りするのが基本になります。

　このパターンが一番多いので、王道といっていいでしょう。

　むろん、横ばい局面がほとんどない「上げ→下げ」の逆V字型の下落もあります。

図3-1　株価が下げる全パターンの概念図

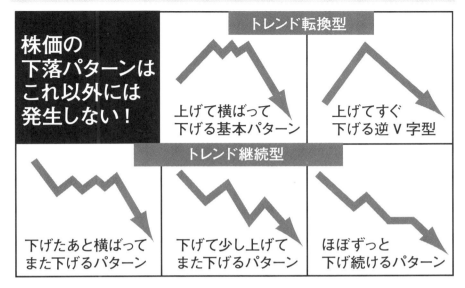

　王道パターンも逆Ｖ字型もトレンドが転換する場面ですから、初動段階で早めに下げに乗れたら、大きく儲けることができます。

　さらに、下降トレンドが継続している中、いったん上昇に転じたものの再び、さらに下げるパターンもあります。

　移動平均線に注目すると、5日線が上にある20日線に近づいたり、20日線を突き抜けて上昇したものの、あえなく失速して再び下落に転じる、ものわかれシグナルが発生しているはずです。

　上昇まで行かないものの、下げからいったん横ばいに転じて「下げ→横ばい→上げ」の基本パターンに移行するかに見えて、横ばいから再び下げに転じる「下げ→横ばい→下げ」パターンもあります。

　これらは株価の下落が小休止したあと、再び下げているわけですから、トレンド継続（下げの失速→再加速）パターンといえます。

　最も単純な下げといえば、下落がずっと続く局面です。

　その前には横ばい相場、上昇相場があったのでしょうが、それを忘れるぐらい長い長い下げ局面が多少の上下動を伴いながら続くこともあります。

　中でも5日線と20日線が下向きのまま平行もしくは間隔を拡大させて落ち

ていく下降クレヨンこそ、最も単純な下げです。

まずは、**図3-1**に網羅した下げパターンを頭と体に叩き込むこと。

そうすると、下げパターンが完成する「前夜」の段階から「そろそろ下げそうだな。これは怪しいな？」となんとなく臭うようになります。

下げ始めの段階ですでにカラ売り玉を仕込んでおくには、それ以前の上昇や横ばい局面で「株価の弱さ」をひしひしと感じて、あらかじめ準備していないとなりません。

株のカラ売りで一番重要なのは、この「下準備」の期間です。

下落が始まったとき、カラ売り玉を大量に仕込めていれば、あとは下落を眺めているだけでチャリンチャリンとお金を増やすことができます。

当然、下落途中で下半身や上方向へのくちばしシグナルが発生したら、ヘッジの買いを入れていくなど「建玉の操作」も必要になりますが、それをするにも最初に売り玉を持っていないことには始まりません。

「そろそろ下げ相場が始まる」ということがわかるためには、やはり、チャートの中の下げ局面だけを何十年分も、繰り返し、繰り返し、繰り返し、見ることが大切です。

➣相場式４大チェックポイントを指差し確認

その際のチェックポイントになるのは、①移動平均線の並びの変化、②下半身・逆下半身などローソク足の様子、③キリのいい株価や上昇・下落の期間、④前の高値・安値という４つです。

たとえば、それまで移動平均線の並びが5＞20＞60＞100という強い上昇トレンドで推移していたとき、5日線が20日線を割り込み、60日線まで割り込んだとしましょう。「あれ？　変だな」とここで感じられるかどうか。だって、そのとき、株価はすでに60日線の下にあり、60日間の平均値を割り込んでいるわけですから、「これは上昇の終わり、下落の始まりか？」と疑わないとなりません。

そう思って値動きに注目していると、株価がいったん5日線を越えて上昇してはみたものの、上値にある前の高値やキリのいい株価、横ばいから右肩下が

りに転じた20日線、60日線といった壁に阻まれて再度、下落に転じる局面も出てくるようになります。そのとき、再びローソク足が5日線をどかんと陰線で割り込む逆下半身などが出現すれば、「おっ、そろそろ売りを入れてみるか」と考える機会といえます。

前の高値を更新できないばかりか前の安値も割り込んでさらに下落すれば、そこは追加売りするポイントになります。

先ほど挙げた①〜④のチェックポイントを一つ一つ指差し確認するぐらいに、チャートリーディングを重ねてください。

そうすると、どこで上昇や横ばい局面が終わり、株価が下落するパターンになるか、自然と気づけるようになります。

最初はなんとなくしかわかりませんが、我慢して過去のチャートを何枚も何枚も見ていくと、株価が下落に向かう値動きの前兆や途中、完成形がわかるようになってきます。

まず、その後の下落の動きがすべて見えている状態で、どうして下落したのかを「こじつけ」「カンニング」「後講釈」でもなんでもいいので考えてみましょう。

この練習を何度も何度も繰り返せば、知らず知らず無意識のうちに、相場式トレードで指差し確認しなければならないチェックポイントに目が向くようなります。

そこまで上達したら、次は、チャートの先の部分を隠して、「次、どうなるか」を予測する力を鍛えます。

上昇トレンドが続いているけど、5日線が前の高値を更新しなくなった。株価自体も安値を切り下げている。「これは怪しいぞ」と思って、隠した次のローソク足を1本分進めて見てみると、「やっぱり大陰線が出て、5日線だけでなく20日線に対しても逆下半身が完成している。ここは売りだな」といった、ほぼ実戦に近いトレード感覚を養うことができます。

こうした練習を何度も繰り返し行わない限り、本当の実戦で明日以降の、一寸先は闇の値動きが読めるはずがありません。

逆に相場式練習法を何度も何度も繰り返せば、「ああなったら下がる」「こうなったら下がる」という「カラ売り回路」が脳みそにしっかりインプットされ、貴方は立派な「カラ売りサイボーグ」になれるはずです。

➢下落パターンの学習 実戦編

とにかく下げパターンをたくさん見ることが大切なので、まずは日経平均株価を使って、歴史に残るような下げトレンドをいくつか見ていくことにしましょう。

図3-2は、はるか昔になりますが、1987年10月19日～20日に世界中の株式市場を襲った「ブラックマンデー」と呼ばれる暴落とその前後の日経平均株価の値動きです。

日経平均株価は10月20日、前日比15%近い3840円も暴落して、2万1910円の安値をつけ、いまだに過去最大の暴落になりました。しかし、6ヵ月後にはブラックマンデー前の高値を回復しています。

株価の値動きの基本は「下げ→横ばい→上げ」といいましたが、ブラックマンデー以後の値動きは、この基本パターン通り。暴落したあとの横ばい局面ではダブル底を形成。横ばい局面の高値を越えた①や、横ばい気味の5日線から突き出た大陽線②などは本格的な買いで勝負するチャンスになっています。

図3-2　1987年ブラックマンデーの大暴落とその後

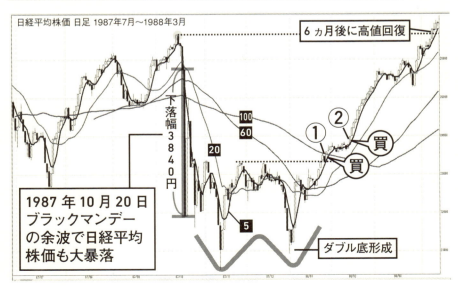

図3-3は図3-2の暴落局面の拡大図です。いきなり大暴落したように見えますが、これだけの下げですから、なにか前兆があるもの。

よく見ると暴落の2日前には下ヒゲの長い陰線①が5日線をまたいでおり、逆下半身シグナルが点灯。暴落1日前の大陰線②は20日線に対して逆下半身気味になっています。①の陰線の前の陰線まで、上昇が7日続いていたことも「7の法則」からすると、そろそろ相場の転換点か、と疑わせる局面でした。

しかし、②の逆下半身のあと、いくらなんでも、たった1日で下落率15％近いブラックマンデーが襲来するのを予想するのは至難の技でした。ただ、こうした暴落のあとリバウンド上昇が起こることは頭に入れておいたほうがいいでしょう。

図でも3840円暴落した翌日には2000円以上、上昇して、翌日も続騰していますが、100日線にぶつかって反転下落しています。

リバウンド上昇が起こったら「暴落後には反転上昇が起こるものだが、その反転上昇は必ずどこかで止まって再び下落する」という経験則を思い浮かべましょう。実際、図でもリバウンド上昇2日目の陽線③が100日線にぶつかっ

図3-3　ブラックマンデーの大暴落・拡大図

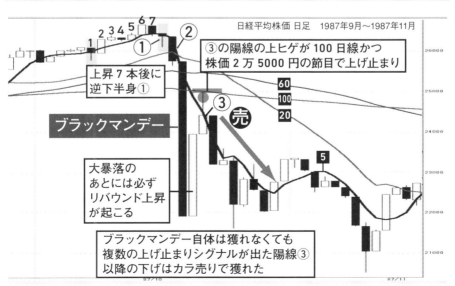

て長い上ヒゲを残して跳ね返されています。

しかも、上ヒゲの高値はちょうど2万5000円というキリのいい株価。陽線③の長い上ヒゲが2万5000円の節目にガツンと跳ね返されています。5日線もまだ急激な右肩下がりで、陽線③はその5日線を越えられないまま終わっています。

ここまで相場式シグナルが複数点灯していれば、翌日の大陰線を売りで獲りに行くのは比較的容易でした。

つまり、さすがにブラックマンデーほどの大暴落は予想しづらいですが、「大暴落が起こったあとにリバウンド上昇があって、またいったん下げる」という経験則があれば、暴落が起こったあとの③の陽線以降の下げを獲ることのほうが、より現実的なカラ売り戦略といえました。

図3-4はブラックマンデー前後から横ばいB局面での株価の推移ですが、暴落後の下落局面を7の法則で数えると、7まで下げることはなく4程度で終わっています。歴史に残る大暴落で7まで行ってもおかしくないところ、平均の4で下げ止まっているわけです。

図3-4　ブラックマンデーの大暴落とその後の値動き

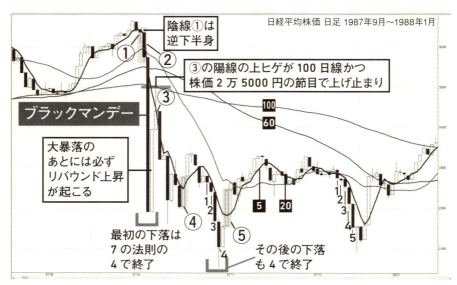

つまり、下げ幅的にはブラックマンデー当日の3840円を筆頭に1000円前後の下落が連発していますが、陰線が連続する数から見ても、「下げの勢いはそれほどでもないな」、「ある程度下げると買い手が湧いてくるな」と考えることもできました。

　また、下落途中でも、大陽線④、⑤が5日線に対して下半身になっています。こうした短期リバウンド局面ではいったん売りを決済したほうがいいでしょう。「いったん上げてまた下がるんでしょ！」という意識を持ったうえで、株価が5日線を上に越えたあと、再び下落に転じて逆下半身シグナルが出たら、再び売りを入れる、といった売買戦略をあらかじめ用意しましょう。このように暴落局面を一つ見るだけでも、

「下落には前兆がある」

「暴落のあとにはリバウンド上昇がある」

「リバウンド上昇のあとは上値の移動平均線やキリのいい株価が抵抗帯になって、いったん下落に転じることが多い」

「7の法則を使って下落した陰線を数えることで反転上昇のタイミングを測るとともに、下落の勢いの強さ、弱さも見る」

「暴落後に下半身が出たらいったん売りを切って、『どうせ、また下がるんでしょ』という意識のもと、次の下げを待つ」

といった数々の教訓を手に入れることができます。

　まずは答えが見える状態で、下落が始まるきっかけとなった逆下半身や、そこに至るまでの上昇日数をチェックする。さらに、下落が止まるクッション役になったり、その後のリバウンド上昇の壁になったキリのいい株価や移動平均線を探して、「ここで売ったり買ったりしたら儲かったんだ」と後講釈でもいいので売買の根拠になるシグナルを探す。そうしたチャートリーディングを重ねることが技術向上の第一歩です。

　ブラックマンデーの暴落は長い目で見ると、上昇トレンドにおける一時的な下げ局面にすぎませんでしたが、だらだらと下落が続く本格的な下げ相場もあります。

図3-5は世界的金融恐慌となったリーマンショック前後の日経平均株価の推移です。日経平均株価はリーマンショックが起こった2008年9月の1年近く前から下げ相場に突入しています。

　下げ相場の初動段階では、20日線を割り込んだ5日線がいったん上昇に転じたものの20日線に到達できずに再下落する逆N大が①や②の地点で出現しています。「逆N大は大相場の前兆シグナル」という教えが生きる展開といえました。

　全体が下げ相場に転換したことが鮮明にわかるのは移動平均線の並びです。下落当初のAの地点では横ばいの300日線を、右肩下がりの60日線、100日線が相次いで割り込んでいます。それまでは小泉政権の郵政民営化相場で長い上昇トレンドが続いていました。

　しかし、60、100、300日線といった長期移動平均線がほぼ同じ価格帯に近づいてくるのは、300日間の投資家の平均的な買い値と60、100日間の投資家の平均的な買い値がほぼ同じ価格になったということ。

　それがなにを意味するかというと「株を買って、長期保有していても全然、儲からなくなった！」。60日線や100日線が300日線を割り込んだというこ

図3-5　2007～08年リーマンショック前後の下げ相場

とは「儲からないどころか、長期保有していると損失が膨らむばかり」の状況になったということです。

　つまり、60、100、300日線といった長期線が一ヵ所に寄せ集まったときは「ヤバい！」と考えるべきなのです。図に示したＢの地点以降、移動平均線の並びは300＞100＞60＞20＞5＞株価になっています。

　相場式トレードでは、この並びを、ファンファーレが鳴り響くような完璧な下げ＝「逆ＰＰＰ」と呼びます。

　これまでも見てきましたが、反対に移動平均線の並びが株価＞5＞20＞60＞100＞300のときは完璧な上げ相場で「ＰＰＰ」。

　移動平均線の並びが崩れて、「100＞5＞20＞60」というように不規則になっているときはＰＰＰでも逆ＰＰＰでもないという意味で、「ＮＯＮ」と名付けました。

　移動平均線の並びから株価のトレンドを判断して、「ＰＰＰか逆ＰＰＰかそれともＮＯＮか」、「同じＮＯＮでもそのＮＯＮはＰＰＰに向かう前のＮＯＮか、それとも逆ＰＰＰに向かうＮＯＮか」（わかります？　エストニア語ではありませんよ）という目で見ていくのが、相場式株価のステータス判断。これについては第４章で詳しく見ていきます。

　今は、逆ＰＰＰ＝下げ優位の相場が完成したら、当然、売買の方向性は「売り」だということを理解してください。

　株式投資を始めてみたけれど、なぜかずっと損ばかりしている、とお嘆きの貴方。売買履歴をもう一度よく見て、どこで買いを入れたか確かめてみてください。

　自分が勝てなかった理由

　――それは**移動平均線が逆ＰＰＰのときに、「下がってるから、お買い得だ」と思って買っていたからっ！**、という衝撃の事実にきっと気づくはずです。

　今の移動平均線がＰＰＰか逆ＰＰＰかを意識するだけでも、実戦売買の勝率をかなり上げられるので、ぜひ試してみてください。

相場の大局観を養ううえではローソク足を消したチャートのほうが、株価の流れが鮮明になるので、図3-6をご覧ください。図3-6は図3-5からローソク足を消して、移動平均線だけを表示したものです。

　5日線が直近につけた高値を越えることができず、逆に安値を次々と下回って急落していくところは売りでエントリーするチャンスだということがわかります。その前には逆下半身が起こっているはずですが、5日線の安値切り下がりを確認していれば、多少のリバウンドはあるものの、「下落の力はまだまだ強いな」と判断できます。

　また途中でいったん下げ止まって横ばい相場に移行していることが、移動平均線の傾きでわかります。5日線や20日線が60日線、100日線を上に越えてきたところは下げ相場の中の上げ局面といえ、売りをいったん切り、「また下げるんでしょ」という意識で買い勝負する期間です。

　その後、Aのゾーンでは、20、60、100日線が一ヵ所に寄せ集まる形になっていますが、先ほども見たように移動平均線が密集したあとは上か下に株価が大きく動くことが多いもの。密集後に5日線が安値を切り下げた地点なども売りのチャンスになります。

図3-6　リーマンショックの下げ相場・移動平均線のみ

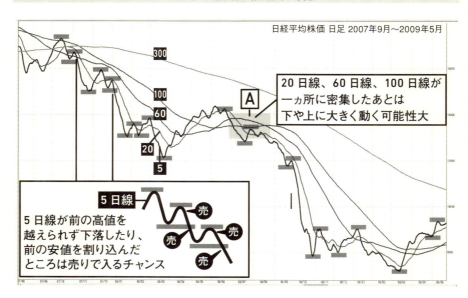

THE SAFEST METHOD OF SHORT SELLING IN THE WORLD

06

The Strategy
of
Short Selling

下げや上げの「ストーリー」を思い描く

過去のチャートをのべ１万年近く見れば、「下げ始めには中期や長期の移動平均線の密集がある」「下げ相場は逆Ｎ大で始まる」、「下げの継続は５日線の安値切り下げで判断する」、「移動平均線の並びでトレンドの変化を判断する」などなど、とにかく、さまざまな教訓を得ることができます。

株価の過去問を何度も繰り返し繰り返し解くことで「ああなったら、こうなる」という回路を頭の中に作り上げ、「こう動いたら次はああなって、その次、こう動くな」というストーリーを何パターンも思い描けるようになることが大切なのです。

➤下げている途中に、下げ止まりを判断する方法

「上げも下げも永遠には続かない」という確信を持っていれば、上げているときはこのあと、どういう状況になったら上げ止まって下げるか、下げているときはこのあと、どうなったら下げ止まって上げるか、常に「先を読む」クセが身についてきます。

次ページの**図3-7**は、人民元切り下げショックで日経平均株価が暴落した2015年７月〜12月の日足チャートです。

下げの初動では20日線と60日線が非常に近い位置で推移し、100日線に接

81

近しており、移動平均線の密集＝下落の前兆シグナルが点灯しています。①の陰線で高値を形成後、下落後に再上昇したところに出現した陰線②は５日線に対して逆下半身になっています。ただ、まだ移動平均線の並びが崩れておらず売りで勝負するのは早いかもしれません。

　強いていうなら、その前の段階で株価は前の高値と①の陰線を頂点にしたダブルトップを形成しており、②の陰線は①の高値に対して「トライ届かず」になっています。

「これまで上昇が続いて２度も高値を形成したけど、そこを突破できない。怪しいな」と思う場面でした。

　そして、20日線だけでなく、60日線に対しても逆下半身になった③の大陰線は、直近の安値ラインを割り込みそうになっていることもあり、売りチャンスといえました。

　その後、急落が続きますが、下落開始から８日目に陽線④が出て、7の法則から見て、ここから、短期的に上げるのではないかと考えていい局面です。④の陽線はちょうど300日線上かつ１万8000円という重要な株価の節目で反転上昇していることからも、なおさら、ここは売りを切って買いを入れる局面に

図3-7　日経平均株価の暴落とその後のリバウンド上昇

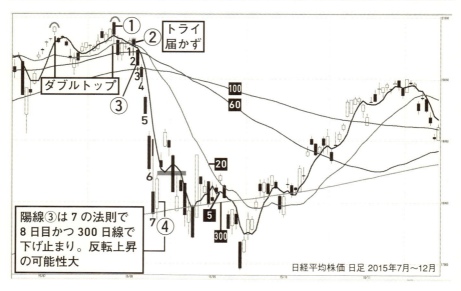

なります。

ただ、当然、まだまだ下げ相場ですから「どうせ、また下がるんでしょ」という意識は持っておくべき。急速な下落後には必ずといっていいほどリバウンド上昇がありますが、その期間はせいぜい２日〜３日です。

では、どのあたりで本格的な下げ止まりを意識すべきだったのでしょうか？「先の先を読む」ための目安になるのはなんでしょう。

その際、有効なのが、先ほども見た５日線の高値と安値です。

５日線は株価の上下動にともなって、上がったり下がったりを繰り返しますが、その高値が前の高値を越えられない、安値が前の安値を割り込んで下落している間はまだ下降トレンドが健在です。いったん上昇した５日線をローソク足が陰線で割り込んだ逆下半身は追加売りのチャンスになります。

図3-8は図3-7の暴落後の横ばいＢ局面をクローズアップしたもの。

５日線に注目してください。５日線が前の高値を越えられず、前の安値を下回った地点の⑤や⑥の陰線は「少なくともあと１本ぐらいは下げる」と読んで、追撃売りしていいポイントになります。

図3-8　５日線の安値・高値からシナリオをつくる①

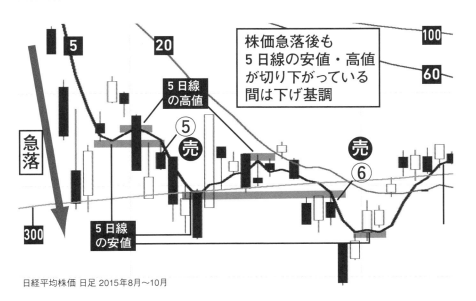

日経平均株価 日足 2015年8月〜10月

5日線が前の高値を越えられず、前の安値を下回ったときの陰線で売れば、相当な確率で翌日も下げて利益が出るということです。
　ただし、株価はA局面の下落から、いったんもみ合いや乱高下が続く横ばいのB局面に移行したのは明らかなので、たとえ売りを入れても短期、短期で利益を確定する繰り返しになります。
　では、どのあたりで次の上昇C局面の到来を意識すべきだったのでしょうか？

　下の図3-9は図3-8から株価が反転上昇に転じるまでをクローズアップしたものです。
　株価は⑦の陰線で安値をつけ、いったん1万7000円の節目を割り込みましたが、⑧の陽線で1万7000円台を回復。株価の節目で見事に下げ止まる値動きなので、ここで打診買いしてもいいでしょう。そして次の陽線⑨は5日線に対して下半身になっているので追加買いのチャンスといえます。その後、株価はさらに陽線を連発、それにつられて5日線も上昇し、Aの地点で前の前の安値を越えています。

図3-9　5日線の安値・高値からシナリオをつくる②

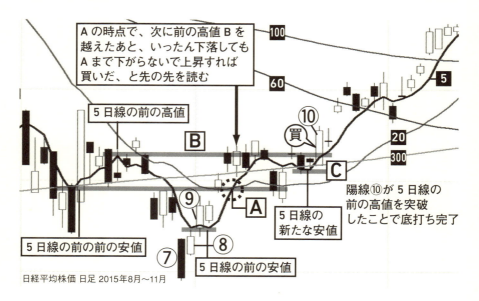

日経平均株価 日足 2015年8月～11月

Aの地点ではまだ5日線の安値も高値も切り上がったわけではありません
が、通常、下げが続くときは、5日線の前の前の安値ラインがその後の5日線
の上昇を阻む壁になりやすいもの。そこを難なく突破したのは、上昇の勢いが
強いと判断できます。

　つまり、「5日線がこれまでつけた過去の安値を越えられない」という下降
トレンドの条件が崩れたわけで、ここで「下げ止まりか」と予想することが「先
を読む」ことになります。

　相場式ではさらに「先の先」を読みます。

　5日線が前の前の安値を突破したAの時点で、次に5日線が間近に迫った
前の高値ラインBを越えて、その次に下げても、Aの安値ラインを割り込まな
いで再び上げに転じたら「底打ちがかなり鮮明になるので、下半身出現などの
シグナルで本格的に買いを入れて勝負だ」と考えられるかどうか。これが「先
の先」を読むということです。

　とにかく「5日線の前の安値はどこかな、前の高値はどこかな」と株価の"関
所"になるようなポイントを探すことが第一歩です。

　そのあと、「5日線の安値Aを越えたら次は前の高値Bを越えてほしいな」
と考えて、実際に越えたら買うのではなく（それだとまだ初心者です）、「ここ
まで下げ相場だったんだから、5日線が前の高値Bを越えたあと、いったん下
げるに違いないけど、その下げが安値ラインAを割り込まず、再び高値ライン
Bを越えて、上げに転じたらそこは買いだな」

　と、かなり長ったらしい5日線の高値と安値を巡るドラマを妄想できるよう
になったら、一人前の株職人といっていいでしょう。

　図3-9の場合、実際、この「妄想」通りの結果になり、5日線は高値Bのラ
インをわずかに突破したものの、いったん下落。しかし、Aの安値ラインをな
んとか割り込まずに再上昇。このときできた5日線の新たな安値Cは前の安値
をはるかに越えたところに形成されたので、「5日線の安値の切り上げ」が達
成されました。その原動力になったのが5日線を大きく上に抜けた下半身の陽
線⑩です。

この陽線⑩こそ、本格的な底入れ上昇シグナルになります。実際、株価は陽線⑩を皮切りに上昇モードのC局面に移行しています。

　これは下げ止まりを使った一例ですが、とにかく「妄想すること」「ストーリーを思い描くこと」、「まだ起こっていないことを起こる前に考えられること」が相場式トレードの真髄なのです！

　逆にいうと、**次の一歩のみならず、その次の二歩目まで想像することができないような場面では、取引をしないほうがいい**ということです。

　そんなに焦らなくても、株価の値動きには簡単に次、その次がわかる単純な局面がたくさんあります。

　たとえば、強い上昇トレンドが続いているときに、ローソク足が横ばいに転じて5日線が20日線に近づいてきたら、そのあと、なにが起こるか？

　次に起こりそうなのは、再び上昇が加速して5日線と20日線との間に、ものわかれシグナルが発生することです。

　では、次の次になにが起こりそうか？　5日線が20日線から離れていくとき、まだ5日線の下にあったローソク足が5日線を越えて下半身シグナルが点灯するはず。そう！　そこが買いのチャンスになります。

　このシナリオを5日線が20日線に近づいたところで、すでに用意して待ち構えていられるのが「先の先を読む」ということです。

　相場式シグナルでいうと「クレヨン→ものわかれ→下半身で買い」となりますが、これぐらいなら、初心者でも比較的簡単に見通せるはず。

　まずは簡単な場面、やりやすい局面を見つけることが大切です。

➤「次の次」になにが起こるかを読むための概念図

　たとえば、右ページ図3-10は5日線の動きを時間軸に沿ってシナリオ分けしたものです。図の①のように、5日線が高値をつけたあと、いったん下がったものの、前の高値を抜けて上がってきた、とします。

　このとき、次の次、「ああなったら、こうなる」という値動きの予想図を示してみました。

図3-10 5日線の動きと「次の次に起こること」

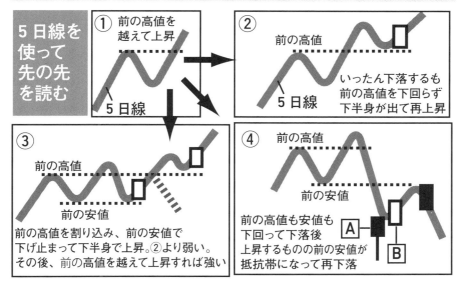

　図の①から5日線がそのまま上昇することもありますが、最初に考えておきたいシナリオは「いったん、前の高値まで下がったあとに下半身が出て上がる」という②のシナリオです。この下半身は買いで正解です。

　しかし、図の③のように、5日線が前の高値を割り込んでしまうケースもあります。③はそのあと、前の安値で下げ止まって上昇に転じて下半身が出現。この場合は②より弱いので、同じ下半身でも買いの数量は少なめに抑えたほうがいいでしょう。

　③の場合はそこからさらに5日線が前の高値も奪還。いったん下げたあと、再び上昇していく強い値動きになったところで下半身が登場すれば、本気買いのシグナルになります。

　上昇パターンだけでなく、①の段階で下落パターンも一つぐらいは想定しておきましょう。

　それが④のパターン。前の高値だけでなく安値も下回って下落後、いったん上昇に転じたものの、今度は前の安値が上昇を阻む抵抗帯となって下落。もうここまで理解できれば、このあと、下向きに転じた5日線を割り込む形で逆下半身シグナルが点灯することはおわかりでしょう。

この④のパターンの場合、反転上昇の局面では、まずAの陰線が出て、次に5日線をまたぐような下半身の陽線Bが出るのも、なんとなく想像できませんか。おそらく陰線Aは下げ止まりの直前になるので、下ヒゲの長い陰線なんだろうな、といった妄想もできます。
　でも、④のパターンは5日線が前の高値だけでなく安値まで割り込んでいるからとても弱い値動きです。
　なので、陽線Bで打診買いしたとしても、上昇は長くは続かないだろう。きっと5日線の前の安値ラインにぶつかって、反転下落に転じるはず。7の法則の平均は4だから、あと、1本ぐらいコマ型の小さな陽線が出たら、その次は陰線で再び下落するに違いない、といった細かい動きまで想像できたら、かなりハイレベルな株職人といえます。

　図3-11は、②〜④のパターンすべてを描いたものですが、5日線が①のように動いたとき、その先の値動きを図の3パターンぐらい思い描けるようになることが「次の次」「先の先」を読む、ということなのです。

図3-11　「次の次に起こること」の完成図

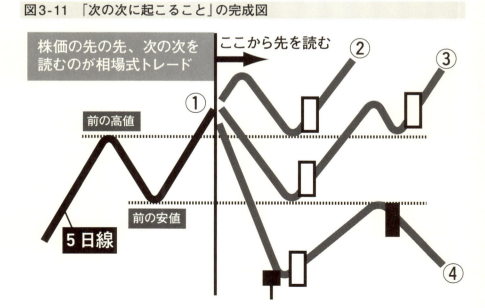

➣下げパターンの「次の次」も考えておく

今までは「上げの次の次」でしたが、ここで「下げの次の次」も見ておきましょう（**図3-12**）。

下げの場合、上げに比べて急激にドカンと下がることも多いので、5日線が前の安値を割り込んで、そのままズドンと下がるケースも想定しておいたほうがいいでしょう。

当然、いったん前の安値まで上げて、そこから下げるパターンもありえるので、シナリオの一つに加えておきます。

そのときローソク足が5日線に対して逆下半身になって、急落していれば、そこは売りチャンスになります。

さらに5日線が下落→再上昇の過程でできた新たな安値を割り込んだら追加売りです。

一方、5日線の前の高値を越えて上がった場合の「次の次」は、そのまま上昇というより、前の高値近辺でしばらくもみ合いが続くパターンも想定したほうがいいように思えます。

図3-12 下げパターンの「次の次」で起こる想定図

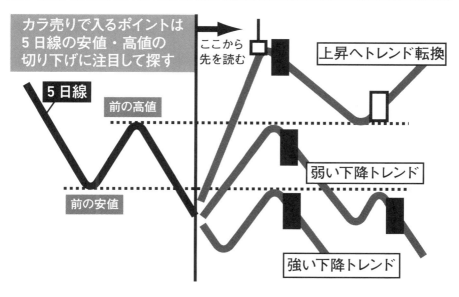

人は株を買うときにはあーでもないこーでもない、と迷うので、相場は上がったり下がったり "綾" をつけて上昇します。逆に株を売るときは、下げを見た人が危機感を感じて投げ売りに走り、それを見た人が慌てて売りを急ぎ…という「売りの連鎖」が起こりやすい面があるので、一直線で下がることが多いのは、何度も繰り返し強調してきました。

　上げ相場と下げ相場では投資家が考えることも違うので、想定すべきシナリオも若干違ってきます。

　下げ相場では、みんな不安や恐怖を感じているから「次の次」「先の先」はこっちに転びやすい、と考えられるようになりましょう。

➤ 7の法則を使って上げ下げの強弱をつかむ

　株価は上下動を繰り返すものですが、その際、5日線の高値や安値の切り上がり・切り下がりだけでなく、もう一つ注目してほしいのが7の法則です。

　相場の上下動は上げも下げも、たいていローソク足7本分続けば終わる、平均的には4本続けばもういつ終わってもおかしくない、というのが7の法則です。

　右ページ**図3-13**は図3-7以降で見た、2015年夏の人民元ショックによる日経平均株価の暴落から下げ止まり→反転上昇の値動きですが、5日線の安値がどんどん切り下がる局面でも当然、反転上昇はあります。その反転上昇が、ローソク足何本分続いたかを数えてみました。

　図を見てもわかるように、下げが続く局面では上げのローソク足の本数は2～3本程度。平均の4本まで上げることは稀です。

　たとえば、上げ2本目で陰線になった①のローソク足が出たときの5日線を見ると、ちょうど前の安値を下回ったばかり。

　ここは「上げ局面は2で終わったんだろう」と判断して、打診売りするポイントになります。

　20日線を突き抜ける形で出現した小陽線②は、上昇3本目になりますが、5日線が前の高値を越えることができていないので、ここでは買えません。

図3-13 下げ相場では7の法則で上げの弱さを測る

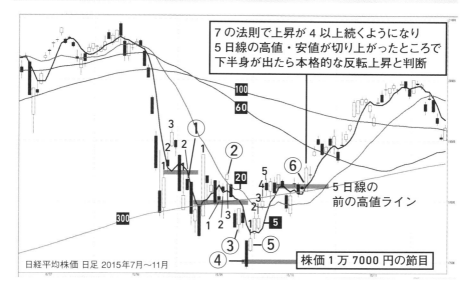

逆に、5日線に対して逆下半身になった次の陰線は売りで入ると陰線1本分儲かりました。

翌々日には陽線③が出て下落が小休止しますが、5日線は前の安値を割り込んでいるので売り継続。そうすれば、次の2本の陰線を売りで獲ることができました。

大陰線④はちょうどキリのいい株価1万7000円で下げ止まっているので、ここは欲張らずに売りをいったん利益確定したいところ。

そして、次に陽線⑤が出ますが、これは1万7000円が下値の支持帯になったことが前日の陰線④でわかったわけですから、積極的に買っていきたいところです。この日から数えて上昇5本目の陰線で利食い。

これまで2本か3本で終わっていた上昇が、7の法則の平均値4を上回る5本目まで続いたわけですから、ここでは「上げの力が強くなってきたぞ、そろそろ下げ止まりかも」という選択肢を頭の中に入れておいたほうがいい局面になります。

株価は横ばいで行ったり来たりを繰り返しますが、その間は5日線も横ばいが続きます。しばらくもみ合ったあと、⑥の陽線が5日線に対して下半身とな

り、かつ、5日線が前の高値を上回る状態になったら「底打ちの可能性が高い」と考えて、買っていく場面になります。

「5日線の高値・安値の更新に注目する」、
「7の法則で上げや下げの強さ・弱さを感じる」

　——この2つのルーティンワークをこなすだけでも、株価の先の先、次の次がかなり正確にわかるようになります。

　バッターが投手の配球を読んだり、サッカーでチームメイトが次にどこにボールを蹴り出すかわかるように、株価の次の次、先の先を読むクセをつけることが、株のトレード上達には必要不可欠なのです。

　将棋界に君臨する羽生善治永世七冠は、将棋の基本は三手先を読むことだと語っています。まず自分が一手目を指す、次に相手がそれを受けて次の二手目を指す、さて、その二手目を受けて自分がどう指すか。それだけで数千通りのパターンがあってもおかしくありません。

　将棋の場合、9×9の合計81マスの中で、選択肢は無限大に近いほどあります。

　その点、株の場合は上がるか下がるかの2パターン。上がりも下がりもしない横ばいを入れても3パターンしかありません。次の次を読むためには、3×3で合計9パターンを想定すればいいだけです。

　むろん、9パターンといっても相当、練習と鍛錬を繰り返さないと、なかなか、すぐにピンと思い浮かぶようにはなりません。

　これはもう、楽しみながら予想できるかどうかに尽きます。

　「そんな予想つまらない」と思っていたら、上達は見込めません。

　でも、練習練習練習、鍛錬鍛錬鍛錬を積み重ねて、「毎日、朝起きたら1000万円儲かっている」なんて状態になれば、誰だって楽しいはずでしょ！

　高校生時代の初デートのように、株価の値動きに対して、「こうなったらああなる」「ああなったらこうなる」という妄想をどれだけ膨らませることができるか。それが重要なのです。

➤実戦チャートで「次の次」「先の先」を読む

次の次、先の先が読めるようになれば、ロケット花火のような急上昇が起こっても、ナイフを落とすような大暴落に見舞われても、現在起こっていることに有頂天になってはしゃいだり、恐怖を感じて落ち込んだりすることもなくなります。

必要なのは「冷静に見て、冷静に考え、冷静に対処する」ということです。

図3-14は2018年1月に2万4129円の高値をつけた直後の日経平均株価です。このあと、日経平均は急落に転じますが、その直前のチャートで「次の次」「先の先」を考えてみましょう。

図の場合、ずっと上昇トレンドが続いてきたものの、2万4000円という節目をなかなか越えられず、一番右のローソク足は20日線を下回り、さらにその下の60日線に近づいています。7の法則を適用すると最高値の陽線から数えてちょうど7本目です。

図3-14　2018年年初、日経平均株価の暴落前後

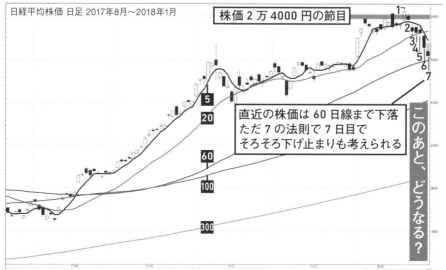

この状況で「次の次」「先の先」を読んだものが**図3-15**になります。7の法則で下落が7日続いたわけですから、これはさすがに、いったん下げ止まって上昇に向かうというのがシナリオ⑴になります。

　最後のローソク足の下には60日線があって、しかも2万3000円という節目も重なっていますから、いったんここは下げ止まって上げるという「次」を考えることができます。「次の次」ということであれば、上昇に転じたものの、横ばいから右肩下がりに転じているはずの20日線にぶつかって再び、いったん下げるというシナリオ⑴-aか、20日線も越えたあとにいったん下落して20日線を支持帯にして上昇トレンドに回帰する⑴-bのシナリオも考えられます。

　もう一つのシナリオ⑵としては、いったん7の法則、60日線、2万3000円の節目で下落は小休止するものの、結局、60日線を割り込んで下落する流れになります。そうなると株価は直近安値Aも下回ることになるので「下落は急激にドカン」という経験則からいってもかなり大きく下げるだろう、と予測できます。

図3-15　2018年年初、日経平均株価の「次の次」シナリオ

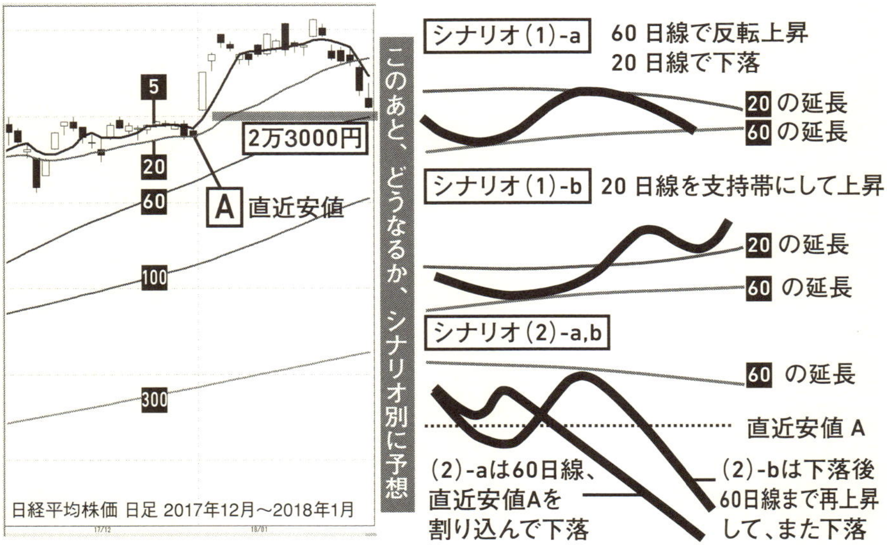

このあと、どうなるか、シナリオ別に予想

シナリオ⑴-a　60日線で反転上昇
20日線で下落
20 の延長
60 の延長

シナリオ⑴-b　20日線を支持帯にして上昇
20 の延長
60 の延長

シナリオ⑵-a,b
60 の延長
直近安値A
⑵-aは60日線、直近安値Aを割り込んで下落
⑵-bは下落後60日線まで再上昇して、また下落

2万3000円
A 直近安値
5
20
60
100
300

日経平均株価 日足 2017年12月〜2018年1月

これをシナリオ(2)-aとすると、直近安値Aを下回ったあとに反転上昇するものの、60日線が抵抗線となって再び下落するのがシナリオ(2)-bになるでしょう。

　では、実際はどうなったかを示したのが**図3-16**です。

　先ほどのシナリオでいうなら、やはり下落7の法則がばっちり適合して、8本目に陽線が出て、60日線を割り込むことなくいったん反転上昇したものの、20日線には届かず、たった1日で上昇が失速。そのあと、いっきに60日線を割り込んで下落したので(2)-aに近い形になりました。

　60日線や株価の直近安値ラインを割り込んだ陰線①が出現したときには、買い玉を減らし、買い玉より多めに売り玉を入れておくとか、買いは手仕舞って売りだけ入れた状態にしておくとか、さらなる下げを見越して準備しておくことが重要になります。

　その後の下落と反転上昇を追うと、60日線より上にある陽線から数えて3つ下げたあと、4つ目の陰線②の下ヒゲが2万1000円の節目にぶつかって下げ止まり。そのあとの下げも3日、陰線が続いて終わり。下げの本数が7の法

図3-16　暴落の最中の日経平均株価と7の法則

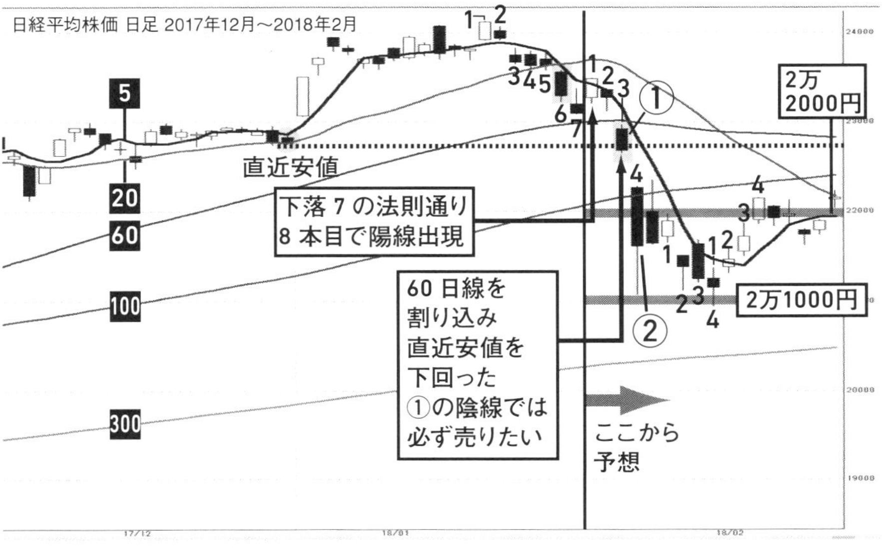

則の平均4を越えて続かないことから、「そろそろ下げ止まりか」と予想することができました。

株価に注目すると、またもや2万1000円の節目で下げ止まっていることから、2万1000円が下値メドとして強く意識されていることが感じられるはずです。その後、陽線が連発して7の法則の4まで上げたものの、今度は2万2000円の節目で陰線が出て下げに転じています。さて、図3-16のあと、どういう「次の次」を予想すればいいでしょう。

それを示したのが図3-17です。

シナリオ(1)としては直近のローソク足①がコマの形で右肩下がりの20日線にぶつかっているので、いったん下げるというもの。ただし、下げの力はある程度、弱まっているので7の法則の2か3ぐらい下げてまた上がるところまで視野に入れてもいいかもしれません。

①のローソク足はまだ上昇2日目ですから、もう1、2本陽線が出て、上値の100日線にぶつかったあと下げるシナリオ（2）も考えられます。さすがにここまで大きく下げた場合、20日線と100日線を突破して、60日線まで到達するシナリオは描きづらいところです。

図3-17　暴落最中の日経平均株価と今後のシナリオ

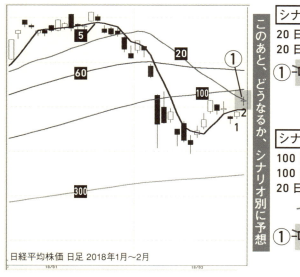
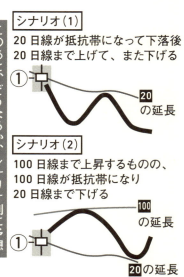

その後の値動きをかなり先まで示したのが図3-18です。

図3-17のシナリオでいうと、100日線にぶつかって下げる(2)の流れになりました。日経平均株価は図3-18のように、7の法則で5下げて、再び2万1000円で下げ止まって上げたものの、20日線を越えきれずに再び下落。逆下半身となった陰線①は売りで入るべきポイントです。

その後、底値と思われた2万1000円を割り込みますが、今度は300日線に救われて陰線②でタッチしたものの、翌日、陽線③で折り返します。このあたりになると陰線が連発することが少なくなり、陽線の数のほうが多くなっています。これまで右肩下がりだった20日線が横ばいに転じており、その20日線を抜けた陽線④や、5日線が前の高値を突破したときに出た陽線⑤は本格的な買いを入れるチャンスといえました。

注目すべきなのは何度も下げを試すうちに20日線が横ばいになって寝てきたことです。急激な下げ相場のあとは、まず上値の20日線、時には60日線が上昇を阻む壁となりますが、20日線が右肩下がりから横ばいに転じると、そろそろ下げ止まり、反転上昇トレンドに向かうというのが、図から読み取れる教訓といえるでしょう。

図3-18　日経平均暴落後の下げ止まり→反転上昇の様子

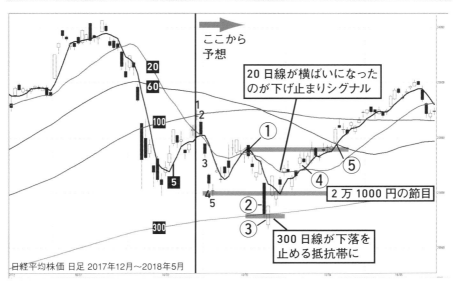

➢ 2012年以降の下げの下落日数と期間

　株価の急落を目の当たりにしても慌てず騒がず、冷静にカラ売りして「このあたりで下げ止まりだから買い転換」と判断するためには、過去の下げがどれぐらいの下落率で、だいたいどれぐらい続いたかを知っておくと参考になります。

　2012年12月に安倍政権が誕生して以降、「アベノミクス」の上げ相場で起こった下げ局面を振り返り、下落の値幅、下落率、下落期間を週足ベースで振り返ったのが図3-19です。

　全体として見ると、「アベノミクス」相場が始まって以来、2012年12月安値の9376円から、2018年秋の2万4000円台まで、日経平均株価は約6年間で約2.5倍まで上昇しました。

　そんな上げ相場でも下落は必ず起こります。

　主だった株価の下落、急落を日付、高値から安値までの値幅、下落率、週足ベースで何本分の期間か、の順に数値化してみると、

図3-19 「アベノミクス」以降の日経平均株価の下落局面

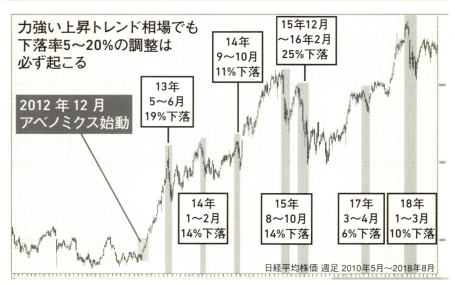

- 2013 年 5 月〜 6 月　　　　3123 円　19.5%　4 週間
- 2014 年 1 月〜 2 月　　　　2283 円　14%　　3 週間
- 2014 年 9 月〜 10 月　　　1842 円　11.2%　3 週間
- 2015 年 8 月〜 10 月　　　2914 円　14%　　7 週間
　　（途中のリバウンド上昇を含む）
- 2015 年 12 月〜 2016 年 2 月　5146 円　25.7%　11 週間
　　（途中のリバウンド上昇を含む）
- 2017 年 3 月〜 4 月　　　　1235 円　6.3%　　5 週間
- 2018 年 1 月〜 3 月　　　　2629 円　10.8%　9 週間

　となります。

　表示した数字は、当初の高値から急落が起こって完全に下がりきって最安値をつけるまでの値幅や期間です。

　途中、上昇に転じても、そこからまた下落して最安値をつけた期間までカウントしているので、いくぶん、長めになっています。

　2015 年 12 月からの急落は実に 11 週間で下落率 25%を越えています。

　つまり、**どんなに見事な上昇トレンドにおいても、5 〜 25%の下落率、最短で 3 週間、最長で 11 週間に及ぶ調整期間が年に 1、2 回、起こる**ことが、このデータからもわかります。

　下げ相場やバブル崩壊、ブラックマンデーの暴落だけがカラ売りのチャンスではありません。「アベノミクス」相場のような長期上昇トレンドでも、儲かった投資家の利益確定が主な原因といえる下落相場は必ず訪れる。

　だからこそ、カラ売りを覚えておいたほうがいいのです！

「あっ、これは下落局面が始まったな」と感じたら、まずは目先の最高値の 5%、10%、15%と、3 つぐらいの値幅を計算して、そこまで下がる可能性について考えるようにしましょう。

　次に、3 つの目標下値を目安に、60 日、100 日、300 日移動平均線や、過去に株価がつけた高値・安値など、暴落を食い止める支持帯になりそうな価格帯を探します。

　そして、その支持帯で下げ止まった場合、下げ止まらずに割り込んだ場合、株価がどういった値動きをしそうか、これまで見てきた要領でシナリオを立て

ていきます。

　ただ、ここで示した下落率はあくまで「日経平均株価」という全体相場の動向を示したものにすぎません。

　当然、個別株の場合はさらに大きな下落幅、下落率、下落期間になる銘柄も頻出しますし、逆に全体相場は下がっていても逆行高するような銘柄も登場します。

　全部が全部、同じ顔をして同じだけ下がるわけではないので、株価と5日線、20日線の位置関係などから、銘柄別の「弱り具合」を判断することも大切になります。

　そのためには5日線やより長期の週足チャートにおける5週線の切り下がりなどを手掛かりに、日経平均株価や個別銘柄の「弱り」を慎重に察知していく必要があります。

➤「天井圏のカラ売り」は「大底圏の底値買い」より難しい

　ちなみに、天井圏でのカラ売りが大底圏の底値買いより難しい理由は投資家事情にもよります。

　過去のチャートを振り返ると、株価の大底圏は長く、天井圏は比較的短い傾向にあります。

　その理由は、株価が大底圏にあるときというのは、株を売りたい人はすでに投げ売りしてしまっているので、売りたい人はいない、でも買いたい人もいないという「いない、いない、バー」の状況だからです。

　積極的に売る人も買う人もおらず、売買がそんなに活発でないと株価はそれほど大きく動きません。なので、なかなか儲けづらくなって、ますます誰も株の売買を行おうとしなくなるので、大底圏は長くなりやすいのです。

　そんな中、「そろそろ大底だし買うか」という人が徐々に出てくると、じわじわと上昇が始まります。このじわじわ型の値動きの場合、上がったり下がったりを繰り返しながら全体として見ると、長らく続いた地獄の底から草木の芽が吹きだすように、そろりそろりと上昇が始まります。

　一歩下がって二歩上がるといった一進一退を繰り返しやすいので、「直近安値まで来たから買いだ」とか「直近高値を越えたから強い。やっぱり買いだ」

というように、株価や5日線の安値や高値の切り上げを目印にした売買戦略が立てやすくなります。

一方、上昇トレンドが長らく続いたあと、株価が高値圏で保ち合いになっている状況というのは、「すでにかなり儲かっているので売りたい」という投資家も多いですが、逆に「少し下がったら買いたい」という投資家も多く、大底圏に比べればかなり活発に売買が行われている状況といえるでしょう。

売りたい人も多いけど、買いたい人も多いので、売りたい人は「売ったあとに上がったら怖い」、買いたい人は「買ったあとに下がったら怖い」と思いながら、神経戦というか懐のさぐり合いというか、関ヶ原の東軍と西軍のように対峙している状況です。

なにかの「はずみ」で「下がったら買いたい」という人がいなくなり、「今、売らないとせっかくの利益がパァになる」という人が大量に出現すると株価は大きく下がり始めます。

しかし、**下げ局面では、この「買いたい人がいなくなる」という状況を見極めるのがとても難しいんです。**

誰もいないところにちらほら人がやってきたな、というのが大底圏とするなら、売りたい人、買いたい人含め、たくさんの人がいたのに徐々に少なくなってきたな、というのが天井圏です。「人が増えてきたな」より「人が減ってきたな」を察知するほうが難しいのです。

そのため、天井圏では、過去の安値を割り込んでそろそろ下げ相場かな、と思ったら、新たな買いでまた上昇に転じたりすることも多く、何度も騙される可能性があります。

逆にいうと、売買は頻繁に行われているので、大底圏のようなこじんまりした値動きではなく、乱高下が続くような激しい上下動もありながら、結果的に横ばいが続く展開になります。この乱高下に引っかかると、下がると思って売ったら急上昇したり、上がると思って買ったら下がったり、往復ビンタを食らいやすくなります。

天井圏で高値保ち合いが続く局面は大底圏で底ばいが続く期間に比べればかなり短いのですが、買いたい人がまだいる限り、株価がいつ下降トレンド入り

101

するのか、判断しにくいのです。

　株価が高値圏にあるときは、必ず、売りたい人がたくさんいます。そのため、株価が暴落するきっかけになるのは、売られたあと、上昇するものの、また売られ、やがてみんながみんな売り出す「売りの連鎖」が発生するときです。「売りが売りを呼ぶ」という状態が、下落メカニズムを急激なものにする主な原因なのです。

　暴落の前兆は高値圏で株価が高止まったあとのもみ合いに宿ります。

　以前は一定の間隔で右肩上がりだった20、60、100日線、より長期的には20週、60週、100週線が一ヵ所に密集する現象も「怪しい！」の根拠になります。前の高値や重要な節目（キリのいい株価）の突破に挑戦して失敗し、また挑戦して失敗し…の繰り返しも急落の兆しになります。

　それらを敏感に察知することで、買いだけでなく、カラ売りでも儲けられる株職人になりましょう。

　図3-20は2002年からの日経平均株価の週足チャートです。株価が上げ始める局面、下げ始める局面の違いに注目してみてください。

図3-20　日経平均株価の上げ始め、下げ始めに注目

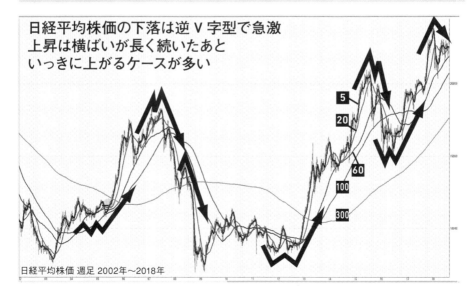

第**4**章

急落も想定内

下げ

で稼ぎ続ける

超実戦

THE
TRADE
OF
SHORT
SELLING

CHAPTER

THE SAFEST METHOD OF SHORT SELLING IN THE WORLD

07

The Real Trade
of
Short Selling

PPP、逆PPP、
NONを使った局面分析

　さて、いよいよ、ここからは相場式カラ売りトレードの具体的な戦略、戦術、戦法、必殺技を皆さんにご紹介していくことにしましょう。

　これまで、株価の上昇と下落には値動きの面でも、投資家心理の面でも、前兆となる初動段階についても、かなり大きな違いがあることを強調してきました。

　ただ、「株というのは上がったり下がったりするもの。上がっているときは買い、下がっているときは売れば儲かる」という絶対真理の前では、買いにもカラ売りにもそれほど違いはありません。

　移動平均線の並びや節目、下半身・逆下半身などローソク足の形状をもとに新規エントリーし、同じく移動平均線の並び、節目、ローソク足、さらには7の法則、9の法則で手仕舞う。

　左右で正反対にはなりますが、右手（買い）と左手（売り）をまったく同じように動かすことが目標です。

➤移動平均線の並びで株価のステータスを確認

　株価の動きは時に乱暴で、暴れ馬のように飛び跳ねて、どっちに行くのかまったくわかりません。

104

あっちに行ったりこっちに行ったり、上がったり下がったり…、まるでジェットコースターのような、めくるめく株価の動きを、「平均値」というアイロンで伸ばして、平らにして、結局上がっているのか下がっているのか一目でわかるようにしてくれる優れもの。

それが移動平均線。

株職人・相場師朗にとって大切な道具のひとつであり、武器です。

相場式トレードでは、ローソク足抜きの「移動平均線オンリーチャート」をよく使います。

複雑怪奇な株価の値動きをより単純化して、株価の大局的な流れを見るにはそれが一番だからです。

移動平均線は単独で使うだけでも、その傾きからその期間中の株価のトレンドがわかります。

さらに時間軸の違う短期、中期、長期の移動平均線をいっしょに表示すれば、各移動平均線の並びからトレンドの強さがより鮮明にわかるようになります。

それが「ＰＰＰ」という「©相場師朗」の株価へのアプローチ法なのです。

ＰＰＰとは、移動平均線が上から順に、5＞20＞60＞100＞300の順に並んでいる状態です。

この並びが続いている間は、株価の5日間の平均値が20日間の平均値より高く、20日間の平均値が60日間の平均値より高く…つまり短期的な株価の平均値が長期的な平均値をたえず上回っているので、株価の強いトレンドが続いているものと考えます。

ＰＰＰが続く限り、いつ買っても儲かります。

反対に、**移動平均線が上から順に300 ＞ 100 ＞60＞20＞5の順に並んでいるのは「逆ＰＰＰ」**。強い下降トレンドを示す移動平均線の並びになります。

逆ＰＰＰのときは、いつ売っても儲かります。

ＰＰＰや逆ＰＰＰの並びが続く限り、永遠に儲けることができるわけです（残念ながら、実際の相場ではそのようなことはありませんが…）。

ＰＰＰや逆ＰＰＰはある意味、株式投資における理想郷、桃源郷といえます

が、それをＰＰＰや逆ＰＰＰとクリアに意識することで、下手な利益確定とは無縁になり、利益を伸ばすことができます。

さらに、ＰＰＰや逆ＰＰＰが完成する前の状態がわかれば、株価が理想郷に入る前に買いや売りのポジションを前もって保有していることもできます！「目指せＰＰＰ（or逆ＰＰＰ）」という意識を持てば、どんな初心者でも、より簡単にわかりやすく稼げるのではないかっ！

そんな想いで、私、相場師朗が新たに開発したのが移動平均線の並びを使った株価のステータス分析「ＰＰＰ、逆ＰＰＰ、ＮＯＮ」なのです。

➤ＰＰＰ、逆ＰＰＰ、ＮＯＮの定義とは？

本来のＰＰＰにおける移動平均線の並びは5＞20＞60＞100＞300と、最も長い300日移動平均線まで入れていますが、そうするとＰＰＰの時期はかなり限られてしまいます。

そこで、300日線を除いた短期〜中期の移動平均線が5＞20＞60＞100の順で並んでいる状態を、本書では「ＰＰＰ」と定義します。

これなら、たとえ300日間つまり約1年間、ずっと上昇が続いている局面でなくても買いで攻めることができます。

たとえば、下降トレンドから上昇トレンドへ向かう転換期に出現した上昇トレンドもＰＰＰと見なすことで、積極的に買っていけるようになります。

反対に、「逆ＰＰＰ」とは上から100＞60＞20＞5の並びになっているときです。

そして、それ以外の移動平均線の並びはすべて「パンパカパンではない」という意味で「ＮＯＮ」と定義します。4本の移動平均線の並びの組み合わせは全部で24通りありますが、そのうち22通りがＮＯＮになります。

その中には「5＞100＞60＞20」とか「20＞100＞60＞5」とか、期間の近い順に並ぶべき移動平均線の順番としては、あまり出現しない組み合わせもあります。

とはいえ、5＞20＞60＞100と100＞60＞20＞5の並びだけがトレンド相場だと限定してしまうと、買ったり売ったりできる場面が少なくなりすぎます。

そこで、100日移動平均線も除いて、とりあえず5＞20＞60という並びになり、60日程度の短期的な期間で見たら上昇トレンドと見なせる局面を「準PPP」。

60＞20＞5という短期的な下降トレンドの並びを「準逆PPP」と定義しました。

「NON」の中で、準PPPにも準逆PPPにも属さない、とにかく、移動平均線がぐちゃぐちゃに入れ乱れてもつれ合っているようなカオスな状態を「純NON」と呼ぶことにします。

矢継ぎ早に早口言葉のようなヘンテコな名称が登場して、頭がこんがらがってしまった方、ごめんなさい。

言葉で覚えるより、実際に移動平均線を表示して見ていけば、ぱっとイメージできるので、安心してください。

整理すると、この世の中の**移動平均線の並びには、**

- 移動平均線が5＞20＞60＞100と並んだ「PPP」（完璧な上昇トレンド）
- 100日線の存在は無視して5＞20＞60と並んだ「準PPP」
  （短期的な上昇トレンド）
- 100＞60＞20＞5と並んだ「逆PPP」（完璧な下降トレンド）
- 100日線の存在は無視して、5＞20＞60と並んだ「準逆PPP」
  （短期的な下降トレンド）
- 上記4つに該当しない完璧なトレンドレス相場である「純NON」

という5つのステータスがあるということです。

「PPP」「逆PPP」「準PPP」「準逆PPP」はすべてトレンド相場といえるので、まとめて「PPP類」と呼ぶことにします。

このＰＰＰとＮＯＮを使った株価分析をふと思いついたのは、ロサンゼルスまで株の講義に出かける機内でのこと。

　私はファーストクラスでの食事をみそラーメンとサラダだけで済ませ、12時間のフライト中、この分析法の研究に没頭しました！

　ロサンゼルスでも用事のあるとき以外はホテルにこもり、パンローリングの「チャートギャラリー」で見ることができる約30年分の日経平均株価をつぶさに分析。

　細かい計算はさすがに弟子に任せましたが、日経平均株価のここ30年の値動きをＰＰＰとＮＯＮのステータスに当てはめると、

●移動平均線の並びがＰＰＰのときは全値動きの26.5％
●逆ＰＰＰのときは17.5％
（2つ合わせて44％）
●ＮＯＮのときは56％
○ＮＯＮの中で準ＰＰＰのときは13％（全体の7％）
○ＮＯＮの中で準逆ＰＰＰのときは16％（全体の9％）
○純ＮＯＮのときは71％（全体の40％）

というデータが得られました。

　これは日経平均株価のデータですが、一般論として、いい直すと、

「株価の値動きの約6割はトレンド相場（先ほど定義したＰＰＰ類のステータス）、残りの約4割はトレンドレス相場（純ＮＯＮ）」

　ということになります。

「これは使えるっ！」

　恥ずかしながら、ロサンゼルスのホテルでシャワーを浴びながら、そう叫んだのを今でも覚えています。

108

➤ PPP、逆PPP、NONを意識して移動平均線を見る

　言葉でいうと難しいそうに聞こえるPPPとNONですが、ビジュアルで見れば、すんなり理解できると思います。

　図4-1はファーストクラスつながりの日本航空の日足チャートです。ローソク足を消して5、20、60、100日線だけを描画しました。
　ぱっと見て、どこが上昇トレンド＝PPPや下降トレンド＝逆PPPで、どこがNONかを自分なりに見つけてみてください。
　コツは、並び方が「きれいかきれいでないか、みんな上がっているか、下がっているか」。4本の移動平均線がきれいに整列しているところは、それが右肩上がりならPPP、右肩下がりなら逆PPPになります。
　4本の線の中で、最もうにょうにょ動きやすいのは5日線ですが、5日線のうにゅうにょ度が高いところでは、それ以上に株価も暴れていると想像しましょう。

図4-1　移動平均線オンリーチャートで見たPPP

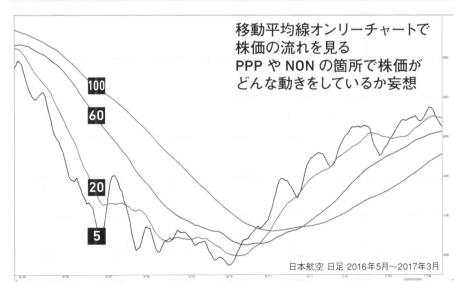

日本航空 日足 2016年5月〜2017年3月

そして、下の**図4-2**は図4-1に答えを書き込んだものです。どの期間がＰＰＰや準ＰＰＰで、どの期間が純ＮＯＮかを示しました。

図の値動きはまさに基本中の基本といえる「下げ→横ばい→上げ」のＡ、Ｂ、Ｃ局面といえます。

「下げ→横ばい→上げ」という値動きをＰＰＰとＮＯＮで追ってみると、まずは完璧な下降トレンドである逆ＰＰＰが時々、５日線が20日線の上に飛び出る純ＮＯＮを挟みながら続きます。

ついには５日線が20、60、100日線を越え、次いで20日線が60、100日線を越え、移動平均線の並びが乱れて、純ＮＯＮに突入。

すぐに、100日線はともかく、５＞20＞60という準ＰＰＰの並びになり、60日線が100日線を越えて、完璧なる上昇トレンドＰＰＰが完成しました。

つまり、「下げ→横ばい→上げ」の値動きは、途中で５日線と20日線がたまに入れ替わる純ＮＯＮの局面を除くと、「逆ＰＰＰ→純ＮＯＮ→準ＰＰＰ→ＰＰＰ」という流れで動きやすいということです。

では、このＰＰＰや逆ＰＰＰをどう使うのか？

図4-2　ＰＰＰとＮＯＮの変化を見よう

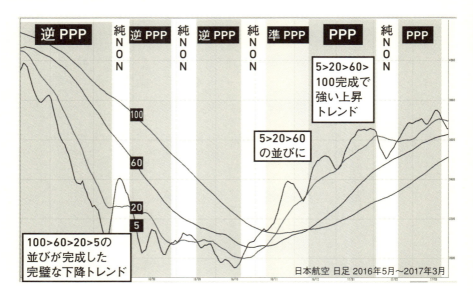

日本航空のチャートを使って具体的な売買法を見ていくことにしましょう。この手法については、これまで書いた本では触れていないので、買いの例からまずは説明します。

図4-3は日本航空の日足チャートですが、灰色の線で四角く囲ったところが5＞20＞60＞100のＰＰＰになっています。とってもきれいな上昇であり、この状態になったらずっと買っていれば儲かります。

「ＰＰＰの並びが完成したあと、ローソク足が5日線の上にあれば、たとえ陰線だろうが陽線と見なす」というのがＰＰＰを使った売買法の前提ルールです。

つまり、**下半身のあと陰線が出たら利益確定という、7の法則を使った、これまでのルールを捩じ曲げても大丈夫なほど、完璧な上げ相場だ**、ということです。

では、どこで手仕舞うのか？　取引を終了するのは「**5日線が横ばうか、ローソク足が逆下半身で5日線を割り込んだとき**」になります。

場合によっては、**たとえ陽線でもローソク足が5日線を割り込んだら手仕舞ってしまってもいいでしょう**。

図4-3　ＰＰＰでは買いを継続して利益を伸ばす

「移動平均線の並びがPPPになった」→
「株価が5日線を越えたら買い」→
「5日線が横ばったり、株価が5日線を割り込まない限り、なにもしない」

　これがPPPでの売買における基本ルールです。

　本書のテーマであるカラ売りの場合も見ていきましょう。
　図4-4は先ほどの図4-3の日本航空の日足チャートの左側の下げ局面をクローズアップしたものです。
　図に示した灰色の枠内が、100＞60＞20＞5の逆PPPになります。
　この状態になったときは、
「逆下半身もしくは陰線でローソク足が5日線を割り込んだら売り」→
「ローソク足が5日線の下にある限り、陽線も陰線と見なして売り継続」→
「ローソク足が5日線を下半身で越えたら売りを手仕舞う」
　というルールを守るだけで、ほぼ確実に勝つことができます。

図4-4　カラ売り天国・逆PPPの攻略法とは？

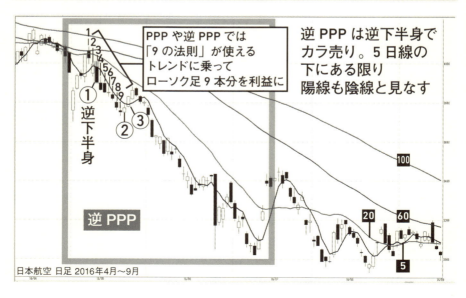

図4-4の場合、たとえば、①の逆下半身でカラ売りを入れます。そこからローソク足が5日線の下にもぐっている間はたとえ陽線が出ても慌てず騒がず売りを継続します。

　利益確定は、③の陽線が下半身で5日線を突き抜けたときです。

　③の陽線が下半身になる前の陽線②で手仕舞ってもかまいません。

　それだと「逆PPPのときは5日線の下で陽線が出ても陰線と見なす」という前提ルールに反することになりますが、PPPと非常に相性のいい、とっておきの法則があるんです。

　それが「9の法則」。

　陰線か陽線か、終値ベースで下落（もしくは上昇）が続いているかを問わずにローソク足を数えたとき、多くの下落（もしくは上昇）はローソク足9本で終わるという法則です。

　陰線や陽線が連続しないとカウントをやめる7の法則をよりルーズに、おおざっぱにすることで、上昇や下落のリズムを柔軟にとらえることができる法則ですが、これが「陰線も陽線と見なす」というPPPのルールと適合するのです。

　この9の法則を使って、逆下半身でカラ売りした①のローソク足前後の下落をカウントすると、①は3つ目になり、陽線②の手前に出た陰線がちょうど9本目になります。

　すなわち、ローソク足9本分の下落が続くと、さすがにいったんは反転上昇するという法則に従えば、③の陽線まで待たずとも②の陽線で売り抜けることで、より多くの利益を確保できる、というわけ。

　いかに逆PPPといえども、永遠に続く下落はありません。

　逆PPPの場合でも「ローソク足9本以上、下げが続いたあとは、たとえ5日線の下でも陽線が出たら利益確定」という新たなルールを追加すれば、より稼げるようになるのです。

　実際、図4-4ではその後も9の法則にほぼ従って、9前後下げたあと、下半身の陽線が出ています。

　9の法則はPPPと非常にフィットしているので、使わない手はないでしょう。

➤準逆ＰＰＰにも応用すれば値動きの6割は獲れる

　ここまでＰＰＰと逆ＰＰＰを見てきましたが、**100日線は無視して、5＞20＞60の並びになった準ＰＰＰ、60＞20＞5になった準逆ＰＰＰも同様のルールで臨みます。**

　図4-5は長い上昇トレンドが続く過程に出た調整局面ですが、灰色で囲んだ部分が「60＞100＞20＞5」になっており、100日線を無視すると準逆ＰＰＰになっています。

　「準」がつく以上、逆ＰＰＰの弱さには劣りますが、図を見てもわかるように、逆下半身を待つまでもなく、準逆ＰＰＰが完成した直後の陰線①でカラ売りしたあと、9の法則に則って下落局面に出たローソク足を数え、10個目の陽線②で手仕舞うまで、ほったらかしでかなりの下落幅を利益にすることができました。

　その後は5日線が横ばいになってしまったので、逆下半身が出てもエントリーはしない場面と考えます。

　5日線が右肩下がりに再び傾いたときに出た逆下半身③で売ったあとは9の

図4-5　準逆ＰＰＰでのカラ売り戦略とは？

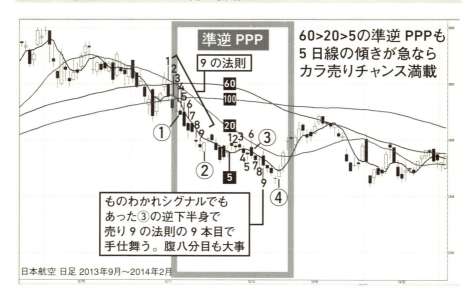

法則で下落再開時点の高値から数えて9本目で手仕舞い。まだ下落の途中ですが、腹八分目と考えましょう。この逆下半身③の登場で、5日線がいったん20日線に近づいたものの、再び離れて下落が加速するものわかれシグナルが点灯しているのも売りの根拠になります。

　このように、PPPや逆PPP、準PPPや準逆PPP、まとめて「PPP類」を意識して待ち構えていれば、本当に簡単な売買ルールでもかなり大きな利益を出すことができます。

　本項冒頭で見たように、日経平均株価の値動き30年分に占めるPPP類の割合は実に6割です。

　これまで30年間、PPP類が6割あったということは、今後30年間、日経平均株価だけでなく、さまざまな個別銘柄の値動きの6割は獲れるということです。うれしくなって「6割、6割、6割、6割……」という文字の羅列で、本書のページを埋め尽くしたくなるぐらいです。

➤残り4割を占める純NONの攻略法とは？

　お金がかかっている以上、無理をする必要はまったくありません。

　相場の6割を占めるPPP類だけ上手に攻略していくだけでも十分です。

　でも、株職人は株のことに関してはとことん探求心旺盛です。

　PPP類はわかった。

　じゃあ、トレンドレスで、移動平均線がうにょうにょ、わかりにくく、もつれ合った「純NON」はどう攻めればいいのか？

　ロサンゼルスからの帰りの飛行機でやっぱり味噌ラーメンを食べながら考えました。

　そこで気づいたのが、純NONの前後は純NONじゃないということ。

　当たり前の話のように聞こえますが、実はそうでもありません。

　純NONじゃないということは、PPP類だということ。つまり、**純NONはPPP類のつなぎ役**のようなもので、

- 「上昇→純ＮＯＮ→上昇」は上昇トレンドの調整局面なので売り
- 「下降→純ＮＯＮ→下降」は下降トレンドが小休止の場面なので買い
- 「下降→純ＮＯＮ→上昇」はトレンド転換なので、次のトレンドに向けた売買をする

という戦略で臨めば、実は純ＮＯＮはチャンスといえるのです。

図4-6の日本航空日足チャートの灰色の枠内は、とてもきれいなＰＰＰが崩れて、20＞5＞60＞100などの純ＮＯＮステータスになった場面です。

そのきっかけは5日線だけでなく20日線に対しても逆下半身になった大陰線①ですが、ここで売れば、その後の下落でかなりの利益を稼げました。そこで純ＮＯＮの局面を何万年も見て、ルールを決めることにしました。純ＮＯＮの場面では、

「ローソク足が20日線の上にあれば買い、下にあれば売りで勝負する」→

「5日線と20日線がクレヨンの状態で平行で同じ方向に向かっている間は取引継続で利益を伸ばす」→

「5日線が横ばったり、逆下半身・下半身が出たり、9の法則の条件を満たし

図4-6　純ＮＯＮを攻略するためのルール設定

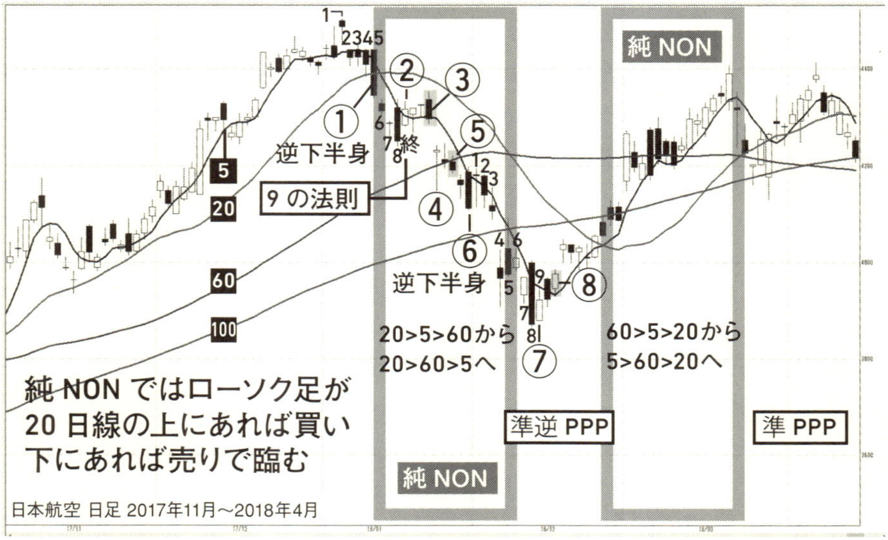

日本航空 日足 2017年11月～2018年4月

たら利益確定」、

というものです。

図4-6では、最高値から①の逆下半身を挟んで純NON入りしたあとの②の陽線までで9の法則が完了。その後、いったん上昇に転じます。中級者なら、横ばいの5日線の上に出た陰線③で打診売りしてもいいでしょう。初心者の方でも、60日線にひっかかった長い下ヒゲの十字線④のあと、60日線を割り込んだ陰線⑤では売りを入れたいところです。

逆下半身の陰線⑥の前後には、同じ価格帯に陰線が並ぶ「陰線横並び」という弱気シグナルが点灯しているので、継続売りが定石になります。

そして、9の法則で9本目の⑦の陽線で手仕舞うのも一つの考え方ですが、腹八分目の逆で、もう少し売りを継続し、翌日、陰線が出た次の日の陽線⑧まで売り継続するのもいいでしょう。

一方、下の**図4-7**はPPPから純NONを何度か挟んで準逆PPPから逆PPPという下げトレンドになり、再度、純NONを何度か挟んで上げ相場の準PPPへとトレンド転換が続くパターンです。

図4-7　トレンド転換の間に挟まった純NON

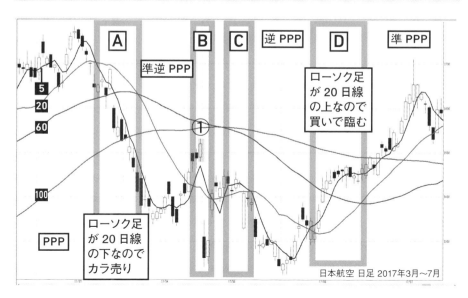

さすがにＢやＣの純ＮＯＮは取引不能に見えますが、Ｂの陽線①は、準逆ＰＰＰの状況で大幅に下落した株価が「ちょい上げ」したところ。

中級者なら、ここはその後の反転下落を狙って打診売りも可能でした。

初心者の方でも、ＰＰＰと準逆ＰＰＰの間に挟まったＡや逆ＰＰＰと準ＰＰＰの間に挟まったＤの純ＮＯＮであれば、「ローソク足が20日線の上にあれば買い、下にあれば売り」と「5日線が横ばっておらず、ローソク足の流れと同じ方向に傾いていること」という2つのルールに基づいて売買できるので、十分、利益を出すことが可能になります。

前ページ図4-7の純ＮＯＮの局面を少しクローズアップした**図4-8**を下に表示しましたが、Ａの純ＮＯＮは、それまで順調にＰＰＰで推移していた上昇トレンドが崩れて、5日線が20日線の下に潜り20＞5＞60＞100、さらには60日、100日線も下抜けて、20＞60＞5＞100、20＞60＞100＞5という並びに変化する局面です。

5日線がどんどん下落しているということは、株価はそれ以上に下落しているということ。純ＮＯＮが始まった当初からローソク足が20日線を下回り、

図4-8　純ＮＯＮ内部の売買ポイントとその後の展開

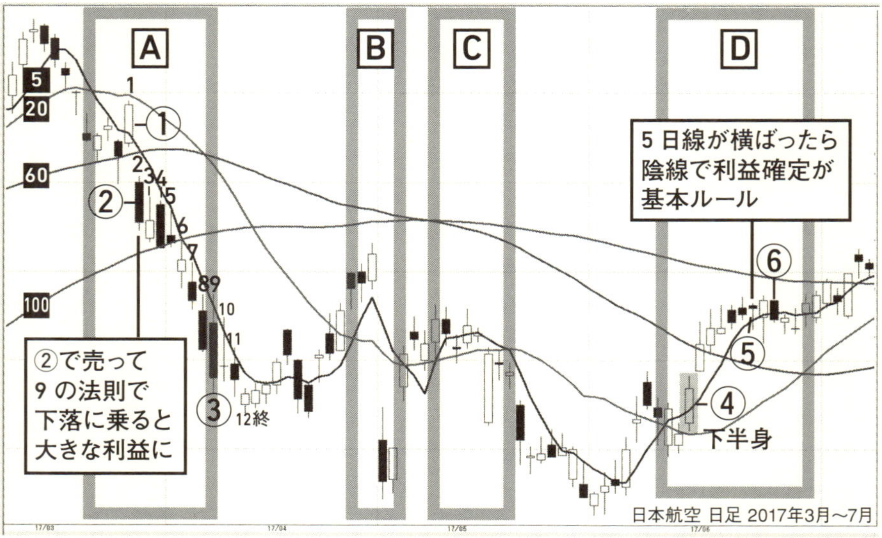
A
B
C
D
5
20
60
100
①
②
③
④
⑤
⑥
②で売って
9の法則で
下落に乗ると
大きな利益に
5日線が横ばったら
陰線で利益確定が
基本ルール
下半身
12終
日本航空 日足 2017年3月～7月

5日線が急激な右肩下がりで推移していることから、売りで勝負すべき場面。

　陽線①でいったん株価が5日線の上に突き出たあと、5日線のはるか下に出た陰線②では売りを入れることができます。

　その場合、9の法則で12まで続く下落を利益にすることもできますが、ここは9番目の大陰線③で切るのが「たい焼きの（!?）頭と尻尾はマーケットにくれてやれ!!」という教えを守った、賢明な利益確定といえるでしょう。

　Dのゾーンの純NONは逆PPPが崩れたわけですから買いで勝負すべきだとわかります。

　純NONの中での買いルールである「株価が20日線の上にある」「5日線が右肩上がり」の2つも満たしています。こちらは5日線を下半身で抜けた大陽線④で買うことができます。そして、5日線が横ばった⑤の下ヒゲ陰線（9の法則でちょうど9番目）か⑥の逆下半身気味で利益確定することで、大きな値幅を利益にできることになります。

➤カラ売りで狙いたい「ＰＰＰ崩れ、準ＰＰＰ崩れ」とは？

　図4-8で見たように、5＞20＞60（＞100）と並んだＰＰＰや準ＰＰＰが崩れて純NONに変化するのは、その後、逆ＰＰＰや準逆ＰＰＰに向かうトレンド転換への移行期間か、もしくは、再び5日線が20日線を上抜けて上昇トレンドへ回帰するための小休止（押し目）のどちらかになります。

　いずれにしても、売りで勝負する場面です。

　次ページの**図4-9**の概念図で示すように、これまでの5＞20＞60（＞100）というＰＰＰの並びが終わる**「ＰＰＰ崩れ」**は、**ローソク足（陰線）が逆下半身で5日線の下にもぐり込むことが前兆**になります。

　まずはここで打診売り。

　次に5日線が下向きにポキッと折れて20日線を下回ることで純NON入り。その直前には、5日線の先導役である株価が20日線を割り込んでいるはずですが、ここで本気売り。

　あとは5日線の急落が続き、株価がその下に潜り込んでいる間は売り継続。

　この局面では、5日線と20日線が平行になって下を向くクレヨンも同時発

図4-9　ＰＰＰから純ＮＯＮ以降をカラ売りで攻める法

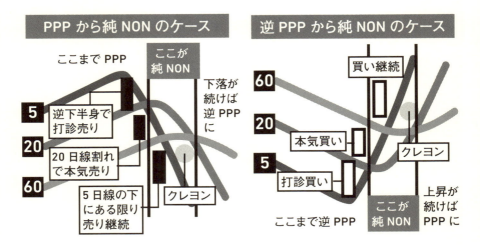

生していることになります。

　その後、5日線が横ばうか、ローソク足が5日線の上に飛び出すか、9の法則で9〜10個目に陽線が出れば利益確定となります。

　と、ここまで読んで「これならできる！」と思われている方も多いでしょう。でも単に知識があるのと実際に技術を持っているのは違います。
　とにかく、本当にこの知識が使えるかどうか"現場"にあたることが大切です。
　いろいろな銘柄の、実際のチャートで、ＰＰＰから純ＮＯＮや逆ＰＰＰから純ＮＯＮへの移行、あるいはその逆の場面を探してみて、実際に上記の手法を当てはめてみてください。
　相場の6割はＰＰＰ類、残り4割は純ＮＯＮといいましたが、純ＮＯＮはある意味、トレンド相場の初期段階を示す「さなぎ」のようなもの。
　さなぎが成虫になって本格トレンドが発生する前に、トレンド発生をいち早く察知できるステータスです。
　純ＮＯＮで生まれた方向性が次のＰＰＰもしくは逆ＰＰＰにつながれば、純ＮＯＮで建てたポジションをそのまま継続して儲け続けることができます。

純ＮＯＮを制する者がＰＰＰを制する、といっても過言ではありませんが、それを知識ではなく実際の技術としてモノにするには、かなりの訓練が必要になります。

　なぜなら、実際の売買は、結果まではっきり見えてしまっている過去のチャートではなく、この先どうなるか、はっきりわからない現在進行形の値動きを相手にして行うものだから、です。

　値動きは"現場"で起きている！

　私たち株職人は名探偵のように、さまざまな状況証拠から真実（＝今後の値動き）を推理しなければならないのです。

　これまでのことをもう一度、カラ売り向けに整理すると、

　逆ＰＰＰや準逆ＰＰＰなど移動平均線が下降トレンドの並びのときは、

「ローソク足が５日線を陰線で下回ったら売り

（たとえ、逆下半身シグナルでなくても可）→

「ローソク足が５日線の下にある間はたとえ陽線が出ても売り継続」→

「５日線が横ばったり、ローソク足が５日線の上に出たり、９の法則で下降が

８〜10あたりに達したあとの陽線で決済」

が基本になります。

純ＮＯＮのときは、それ以前がＰＰＰや準ＰＰＰだったら、

「ローソク足が 20 日線より下にある、５日線が右肩下がりに下がっていることを確認して売り」（純ＮＯＮに移行した時点ですでに逆下半身シグナルが点灯しているはずなのでそれも確認）→

「５日線の下に株価があれば売り継続、５日線越えなどで利益確定」

が基本になります。

08

The Real Trade
of
Short Selling

週足との見比べで
「下げのための上げ」を
獲る

PPP類は初心者の方にとっても比較的稼ぎやすい株価の理想郷です。

これが、期間の長い週足ベースのPPPや逆PPPになれば、より大きくてスパンの長い上昇トレンド、下降トレンドが続いているわけですから、もうパラダイスといっていい状況です。

そこで週足チャートで強いトレンドが続いているときの「次、上げるための下げ」（押し目）や「次、下げるための上げ」（戻り）を狙う方法を考えてみましょう。

➤週足ベースのPPP、逆PPPに注目

何事も大局観を手に入れるには高見に立って見渡すことが大切です。

株価の分析において、高見に立つとはすなわち、より時間軸の長い週足や月足チャートを見て、株価の大きなトレンドを把握することです。

移動平均線は期間が長くなればなるほど、株価の動きに対する反応が鈍くなります。

日足の移動平均線に比べれば、週足の移動平均線は株価が多少動いても、テコでも動かない頑固おやじのようなもの。

その頑固おやじたちが5週＞20週＞60週＞100週というきれいなPPPで並んでいたとするなら、なかなかその並びは崩れません。

122

つまり、週足ＰＰＰからまだ３ヵ月程度しか経過していないようなときは、「多少の下げは次、上げるための下げだから買ってよし」と判断しても構わないのです。

図4-10はソニーフィナンシャルＨＤの週足チャートですが、図で囲んだところが週足ベースでのＰＰＰになっています。そして、上げが始まってから、およそ３ヵ月が経過したあたりで上昇が失速し、陰線が連続。５週線を割り込み、20週線まで下げています。

どんな上げ相場でも３ヵ月くらいすると、これまで買った人の利益確定で相場がいったん下げます。でも週足ＰＰＰは強い。３ヵ月目ぐらいの最初の調整局面は「次、上げるための下げ」だから、再度、上昇に転じる可能性が高い、と考えます。

図における買い場は陰線が連続したあと、20週線の少し上で陽線①が出現したところ。あるいは翌週、いったん20週線を割り込んだものの、結果的に大陽線②が立って、再上昇に転じたところになります。

この陽線②が５週線を抜けたＡのポイントは、週足ＰＰＰの強さを信頼して、

図4-10　週足ＰＰＰに出現した下げは次、上げるため

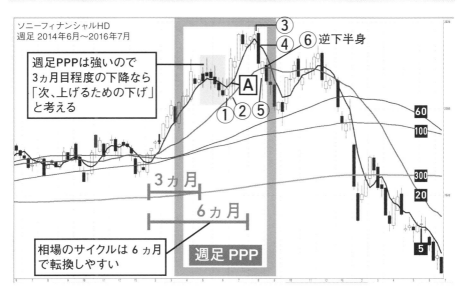

「上げのための下げが終わったな。ここからまた上がるな」と積極的に買って
いいポイントである可能性が高くなります。そのつもりで日足チャートを観察
してみれば、本書でこれまで述べてきた「買い」のサインが複数、現れてくる
はずです。

　実際、株価は再び上昇に転じて、③の上ヒゲ陽線で最高値に到達しました。
しかし、その後、5週線を大きく割り込む逆下半身④が出現。いったん下ヒゲ
の長い陽線⑤が出て20週線割れは回避しますが、翌週、再び陰線⑥が20週
線に対して逆下半身となって下落します。このときの逆下半身⑥は定石として、
カラ売りに転じる場面です。この週足を見てのカラ売りは、翌週月曜日以降の
日足での陰線出現で行います。
　⑥の段階になると、いかに週足ＰＰＰといっても「もう弱い！」と判断すべ
き転換点になります。
　図の③の陽線が上ヒゲ高値をつけた時点で、週足ＰＰＰは約6ヵ月経過して
いますが、その間にこの株を買って、③の陽線まで持っていた人はみんな儲かっ
ていることになります。損している人は誰もいません。

　でも、すでに上昇から6ヵ月が経過しているわけですから「十分、儲かった
し、そろそろ利益確定しよう」という人が数多く出始める時期です。
　その比はまだ上昇から日が浅い3ヵ月目の利益確定よりは、かなり多いと考
えられます。第6章で解説しますが、制度信用で信用買いやカラ売りを行った
場合、6ヵ月以内に反対売買して決済しなければならないというルールもあり、
株価の値動きにとって6ヵ月という日柄は非常に大きな節目になるのです。
　高見に立って**週足ベースで値動きを見るときは、必ず3ヵ月、6ヵ月という
日柄を意識**しましょう、というのが図4-10の教訓です。
　週足ＰＰＰだけでなく、週足逆ＰＰＰも見ておきましょう。

　右ページ**図4-11**はかなり昔になりますが、1996年〜1997年、アジア危機
が襲来したときの日本郵船の週足チャートです。
　灰色の枠で示したところで準逆ＰＰＰ、いったん純ＮＯＮを挟んで逆ＰＰＰ
が完成しています。

124

図4-11 週足逆ＰＰＰのカラ売りと下げのための上げ

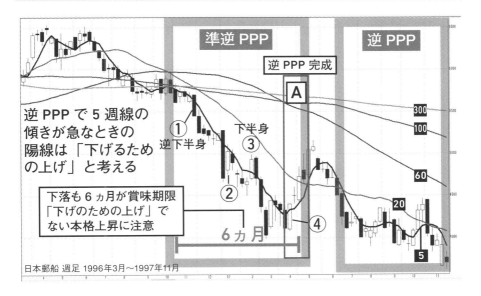

　完璧な下げ局面といえば移動平均線が上から順に100＞60＞20＞5の並びになった逆ＰＰＰになりますが、カラ売りの仕掛けどころとしては完全な逆ＰＰＰになる前のほうが「おいしい！」ということが往々にしてあります。

　図4-11の場合も5週から300週まで、すべての移動平均線が密集したあたりからローソク足がその密集を突き抜けて下落し、60＞20＞5の並びが完成した準逆ＰＰＰでは陰線が連発し、いつ売っても儲かるような急落が続いています。

　カラ売りの仕掛け方は日足ベースと変わりません。逆下半身①で売って、株価が5週線の下にあるときは陽線も陰線と見なして売り継続。①の逆下半身から数えて8週目の陽線②で利益確定するのが妥当です。

　ただ、さらに高度な技を使うなら、売り玉は持ったまま、買いヘッジを入れて翌週陰線が出たところで買いは切って、売りの利益を伸ばす手法も考えられます。

　とはいえ、③の陽線が下半身になったところでいったん売りは切ることになります。週足ベースの取引の場合、その週のローソク足は月曜日に始まって、金曜日に完成するまで1日1日変化します。金曜日になって陽線③の終値が確

図4-11（再掲）　週足逆ＰＰＰのカラ売りと下げのための上げ

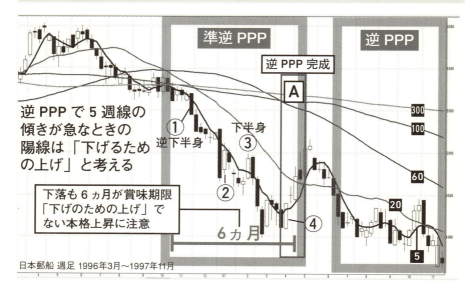

定するまで利益確定を待つ必要はありません。

　実際のトレードでは、あとで述べるように日々の日足チャートも観察しているわけですから、日足ベースで週の途中、下半身から３日線と５日線と７日線の交差があれば手仕舞いとなります。

　再掲した図4-11の準逆ＰＰＰの枠内に出た陽線に注目してください。これらの陽線が出たら「５週線も急激な右肩下がりだし、株価さん、次下げるために上げてるんでしょ、わかってるんだから」とつぶやいてみてください。

　ただし、いったん正真正銘の逆ＰＰＰが完成した直後（Ａのゾーン）、陽線④が下半身で５週線を突き抜けて陽線が連発したところは下落開始からちょうど６ヵ月目にあたるので、トレンド転換の可能性も考えられます。
「下げのための上げ」じゃなくて、本当にこのまま上げ続けるんじゃないか、という局面です。

　むろん、20週移動平均線はいまだ右肩下がりですし、60週、100週移動平均線はまだかなり上にあるし、「どうせまた下げるんでしょ」という想いも捨てきれません。こういうときはどうするか？
「下げのための上げ」の可能性を疑いながら、買いで乗っていって、ローソク

足の本数的に下落の兆候が感じられたら、いったん買いを手仕舞いして、新たなカラ売りを入れる、という作戦で臨むのがいいでしょう。

そのためには週足チャートだけでなく、日足チャートも見て値動きの詳細を観察すべきです。

➤週足の「強いトレンド」を意識して日足で取引

図4-12は図4-11の週足チャートの灰色で囲った期間を日足チャートで見たもの。期間中は4000円前後から反転して、5000円という節目前後で上げ止まるまで6週近く、上昇が続いただけあって、日足ベースで見るとかなり大きなリバウンド上昇になっています。

ただ、週足ベースで下げが6ヵ月続いてそろそろいったん上昇するはずという俯瞰図を手に入れ、日足ベースでも大陽線①が出て前の株価の安値近辺で下げ止まり、しかも上値の20日線にトライしていることを考え合わせれば、大陽線①が5日線に対して下半身になった局面で買いを入れられるはずです。

さらに、20日線に対して下半身となった大陽線②で追加買いも入れること

図4-12　週足の俯瞰図をもとに日足で戻り売り

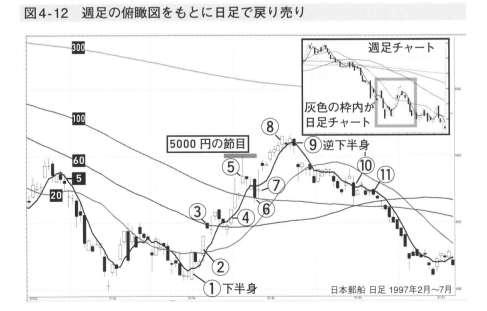

図4-12（再掲）　週足の俯瞰図をもとに日足で戻り売り

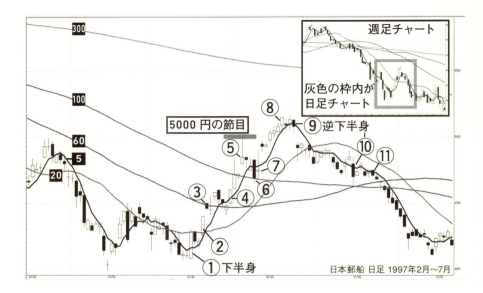

も可能です。

　ただ、翌日の陰線③は60日線にぶつかっているので、ここはいったん買いを切って様子見。

　次に再び5日線に対して下半身となった陽線④で新たに買いを入れることができるで、そのあとの陽線3本を獲ることができました。

　最後の陽線⑤の長い長い上ヒゲはちょうど5000円というキリのいい株価にぶつかって失速しているので、この陽線で手仕舞うか、翌日の陰線で切るか、のいずれかでしょう。

　さらに5000円という上値の抵抗帯が見えたわけですから、週足ベースでいまだ20週線が下を向き、その上の60週線も下向きという下降トレンドの俯瞰図が頭に入っていれば、上がりきったところで、いかにカラ売りを入れるかの下準備も始める時期です。

　図4-12の場合、逆下半身となった⑥の陰線がダマシで終わったように、5日線と20日線がクレヨンになって平行して右肩上がりで上昇しているので、再度⑦の陽線で買いを入れ、7の法則で7本目の陽線⑧で利確することもできました。

128

とはいえ、週足チャートで見た底値からの上昇本数（上昇しているローソク足の数）や20週、60週線が示す下降トレンド継続、ダマシに終わったものの日足ベースで出現した⑥の逆下半身などを考慮すると、週足ベースで見た一時的な上昇が終了し、再び下降トレンドに戻る可能性を見出すことができる、と思います。

その後に出た逆下半身⑨で打診売りしたあと、週足で見ていた下げ方向の加速を信じて、⑩や⑪の逆下半身でも追加売りすることができたので、週足ベースでステータスが純ＮＯＮから逆ＰＰＰに移行する流れをカラ売りで大きな利益にかえることができました。

人生にはやっぱり大局観が必要です。

株式投資における大局観といえば、間違いなく月足や週足など長期チャートになります。

まずは週足チャートで大きなトレンドを把握することが重要です。週足チャートを「お釈迦様」だとすると、日足チャートはその手のひらの中で踊る人間のようなもの。

週足ベースで逆ＰＰＰ、準逆ＰＰＰといった強い下げを確認できたら、「この上げは、次、下げるための上げだから」という意識を持ちながら、日足ベースで売りと買い、両方のチャンスをモノにしたいところです。

お釈迦様の手のひらの中で転がされてあたふたするのではなく、転がされていることを楽しむぐらいの気持ちが大切です。

週足チャートで見れば明らかに「次、下げるための上げ」にすぎなくとも、日足チャートでは十分、その上げを買いで利益にすることができます。「下げのための上げ」と割り切りながらも買いで儲け、さらにその上げがピークに達したところでは本格的なカラ売り玉を改めて仕込む…

──という戦略を前もって立てることが可能なのです。

THE SAFEST METHOD OF SHORT SELLING IN THE WORLD

09

The Real Trade
of
Short Selling

20日線と60日線の クロスを使った 建玉の操作

　株式投資は自分の欲望や感情との戦いです。

「もっと儲けたい」という欲望や「絶対損したくない」という恐怖と戦いながら、私たちは日々、株式投資を行っています。

　株を買ったら「下がるんじゃないか」と不安に思い、カラ売りしたら「上がるんじゃないか」と気が気ではなくなる。

　そんな風に考えてしまうと、もう怖くてトレードできなくなります。

　それを防ぐ方法として私が考えたのが、ある決められたルールに従ってトレンド転換が起こったら「この上昇トレンドは6億年続く」、「この下降局面も6億年続く…だから心配しなくても大丈夫」と信じ込んでしまうメンタル強化法です。

　買いで勝負したら上昇が、売りで入ったら下落が、なんと6億年も続くとしたら、もう怖いモノなし。不安も恐怖も消え去ってしまうでしょう。

「相場師朗はなにをおかしなことをいってるんだ」と笑わないでください。私だって、株価の上昇が本当に6億年続くとは思っていません。ただ、それぐらいの確信を持ってトレードしたほうが不安や恐怖を払拭できるので、間違いなく、トレード技術と投資成績は向上するのです。

　別に本当に6億年続く必要はないんです。

「今回はたまたま6億年続かなかった」と見分けられる厳格なルールをいくつか設定して、それを厳守していけば大丈夫です。

130

➤ 20日線と60日線のクロスが重要な理由

このシグナルが出たら上昇や下落が6億年続く。

そんなシグナルはありませんが、それに近い（!?）シグナルとして、注目したいのが20日線と60日線のクロスです。

ＰＰＰとＮＯＮというステータス分析を補強する意味でも、20日線と60日線のクロスはとても重要です。

ＰＰＰの定義では100日線を無視して、5＞20＞60の並びになったら準ＰＰＰ、60＞20＞5なら準逆ＰＰＰになります。

しかし、5日線は株価の激しい値動きに一生懸命ついていく格好になるので、心電図のようにかなり激しく上下動します。

そう考えると、**純ＮＯＮを挟むかどうかはわからないものの、準ＰＰＰから準逆ＰＰＰへ移行する、つまり上昇トレンドから下降トレンドにトレンド転換が起こるきっかけになるのは、20＞60の並びが60＞20になるとき、すなわち20日線と60日線がクロスしたところになります**（実際の株価はそれより少し早く上昇もしくは下落が始まっていますが…）。

両者がクロスする前には5日線が先に動いていて、すでに20日線、60日線とクロスしているはずです。つまり、20日線と60日線のクロスこそが5＞20＞60の準ＰＰＰや60＞20＞5の準逆ＰＰＰ完成を告げる号砲になることが多いのです。

さまざまな個別銘柄のチャートを確認してみると、20日線と60日線のクロスって実はそんなに頻繁には起こりません。

その頻度は、「およそ2年に7回ぐらい」。

つまり、ＰＰＰやＮＯＮを意識しながら、20日線と60日線のクロスに注目したトレードをすれば、かなり的確に長めのトレンド転換に乗れるということです。むろん、「それじゃあ、月並みなゴールデンクロスと変わりないじゃないか」というご批判もあるでしょう。

その通り。そんなことはわかっています。

わかっているうえで、まずは20日線と60日線のクロスを具体的なチャー

トを使って見ていきましょう。

➤日経平均株価の20日・60日のクロスを見る

　右ページ図4-13は2014年末から2016年9月まで約2年半の日経平均の日足チャートからローソク足を消して、20日線と60日線だけを表示したものです。

　両者がクロスしている地点に○をつけましたが、その数は7個。途中、クロスするというよりもつれ合っている状態のところは入口と出口にだけ○をつけました。

　Aの上昇局面は、20日線と60日線のゴールデンクロスで買います。上昇は6億年続くことはありませんでしたが、かなり儲かります。

　BやDのデッドクロスでカラ売りした場合も、そこから急激に下げているので、かなり稼げたでしょう。

　しかし、Cのクロスで買っても出口となるDのクロスはほぼ同じ価格帯なのでトントンか、やや損をしてしまっているはずです。

　このように「20日線と60日線のクロスは今後6億年続くトレンドの始まり」と信じ込んでも、当たり前ですが、必ずしも報われるわけではないのです。

　だったら、たとえば、Bのクロスで始まった下降トレンドの中、20日線が下落から上昇に転じたbの地点で、こう考えたらどうでしょうか？
「この下落は6億年続くはずだけど、20日線が右肩上がりになって、株価も上昇に転じたから、とりあえず買いヘッジを入れておこう。また下がればヘッジを外せばいいんだし」と、早々に買いを入れたらどうでしょうか。

　すると、そのまま20日線は上昇を続けて、Cの地点で60日線とゴールデンクロスしたではありませんかっ！

　6億年続くと思っていた下落は終わり、今後、6億年続くかもしれない上昇トレンドが始まったときには、あれまぁ、すでにヘッジを入れていて、いずれ切ろうと思っていた買いポジションでかなり儲かっているじゃありませんか!!

　一口に「トレンドに乗る」といっても、20日線と60日線のクロスが起こっ

図4-13　20日線と60日線のクロスと買い時・売り時

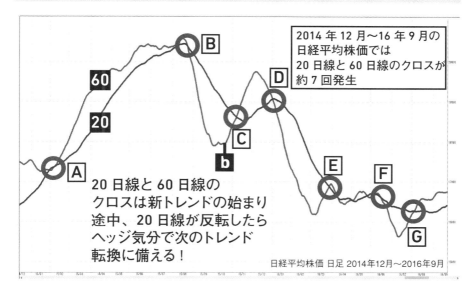

た直後に乗るのか、それとも、もうずいぶん前に乗っている状態でクロスを迎えるのかでは、得られる利益が段違いです。

これこそが「このトレンドは6億年続く」という自己暗示とともに目指したいトレンド早乗りの術。

前のトレンドがピークを迎えて20日線が60日線と再クロスしようと接近し始めたら、とりあえずは少しずつこれまでのポジションを外していき、逆にヘッジのつもりで今のトレンドとは逆張りの取引を始めます。

そして、実際に再クロスが起こったら、ポジションをさらに追加すれば、大きな利益を得ることができます。

20日線と60日線がクロスしてトレンド転換した瞬間には、もう建玉は10-0とか0-20の状態になっていて、これから始まるトレンドにフルポジションで乗れている状態を目指す、というわけです。

ちなみに、「10-0」とは売り10に対して買い0のことです。

相場式建玉の操作では「3-2」とか「5-10」という数字の並びで、**「売り玉 - 買い玉」の数**を示します。前の数字が売り、後ろが買い、です。

➤ 3日線、10日線を追加することで売買精度を上げる

　この手法は今あるトレンドに対して逆張りで入ることになります。6億年、上昇が続くと思っているのに、多少株価が下がったから売りヘッジを入れるといった取引になるので、そのヘッジが果して正しいのかどうか、より精度の高い分析が必要になります。

　そこで、5日線、20日線だけでなく、その弟分といえる、より短期の3日線、10日線も加えて、トレンドの弱り具合を判断することにします。

　まずは右ページ図 4-14 を見てください。

　これは図 4-13 の移動平均線オンリーチャートで 2016 年 1 月に起こった 20 日線、60 日線のデッドクロス前後を表示した日足チャートです。

　まだ 5 日、20 日、60 日線しか表示していませんが、もし、20 日線と 60 日線のデッドクロス A が起きた陰線①で売り、ゴールデンクロス B の陽線②で買い戻した場合、約 1800 円の下落を獲ることができます。

　ただし、その間には上昇して利益が減る局面があったり、株価が乱高下して必ずしも下降トレンドとはいえない場面もあります。

　つまり「この下落は 6 億年続く」と信じて、デッドクロスで売って、なにもしないで次のゴールデンクロスで買い戻しても、まったく利益が出ないどころか損失をこうむるケースも非常に多いわけです。

　そのため、実戦では「この期間は原則売り」と思いながらも、下げ止まったらいったん売りを外したり、買いヘッジを入れたりして、なんとかやりくりしていくことになります。

　その際、過去の値動きを振り返ると、トレンドが転換したのはデッドクロスが起きた A の地点ですが、実際の下落はすでにそのクロスが起こる前から始まっています。

　つまり、20 日線と 60 日線のクロスで見ると、6 億年続く上昇期間だったときの陰線③あたりから売りで入ることができたら、より大幅な下落を獲れたことになります。

　図の灰色の枠で囲んだ期間は上昇トレンドでありながら株価が下落を続けており、ある意味、次の下降トレンドに向けた助走期間です。「非武装中立地帯」

図4-14 20日、60日線デッドクロス前後の値動き

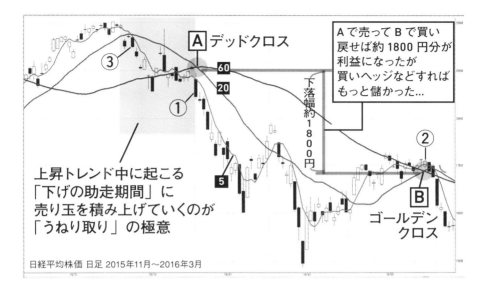

といってもいいかもしれません。

　灰色の部分は前のトレンド転換で買いを入れていれば、5日線と20日線の上昇クレヨンも終わったので、買いを利益確定するポイントです。

　とりあえず上昇トレンドが続いている間は一時的な下落に備えた売りヘッジになりますが、次、もし下降トレンドに転換するなら、そこで儲けるための売り玉を積み上げていく準備期間でもあるわけです。

　そして、理想はこの助走期間に、たとえば10-0と売り玉を積み上げたうえで、20日線と60日線がデッドクロスする日を迎えたいところ。

　そうすれば、**トレンド転換した時点ですでに大きな売りの含み益を持ったまま、下落トレンドを謳歌し、次に来る上昇トレンドの助走期間に向けて売りを利益確定し、買い玉を積み上げていくことができます。**

　これこそ、まさに「うねり取り」の基本なのです。

図4-15 3日線、10日線を加えた日経平均株価の推移

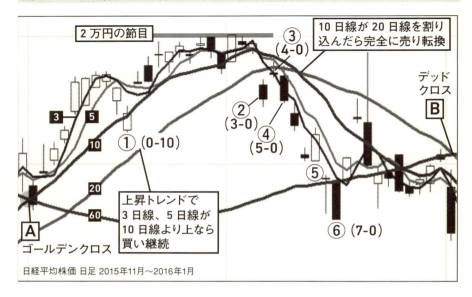

　図4-15は、図4-14でいう"非武装中立地帯"を拡大して、新たな相場式トレードの道具となった、3日線と10日線を追加した日経平均株価です。

　Bの地点の20日線、60日線のデッドクロスに向けてどのように売り玉を積み上げていくかを見ていきましょう。

　同じようにAのゴールデンクロス前の助走期間にせっせと買い玉を積み上げて、クロスが起こった時点では0-10の買いを持っていた、と仮定します。「ショットガントレード」（相場式うねり取りを短期チューニングした手法）など短期売買では下半身で買って、3日線と5日線が横ばいになって交わったら利益確定といったルールを設けていますが、このトレードは20と60の中期移動平均線を使った「おじさん」クラスの息の長いトレードを想定しています。

　まず図の左側の上昇局面では、陽線①が10日線を踏んだからといって買いを切ることはせず「3日線、5日線が10日線の上にあり、10日線と20日線が平行でクレヨンの状態にある限り、買い継続」というルールでローソク足の推移を眺めていきます。

　ただ横ばい気味の上昇が続く中で株価は2万円という大きな節目に到達しました。これは気にしなければなりません。

そう思っていたら、陰線②が10日線を大きく割り込みました。

こうなると上昇トレンドが6億年続くとはいえ、さすがに買い玉を切り、新たな売り玉を加えて、カラ売りと買いの比率を3-0ぐらいにして、完全に売り転換します。

このときの移動平均線に注目すると、3日、5日、10日線が一ヵ所に集中しているので上昇はいったん終了と判断。10日線が上向きから横ばいに転じているのも上昇休止のシグナルになります。

陰線②の翌日、上昇したものの陰線で終わった③の地点では3日線に続いて5日線も10日線を割ってきたので4-0まで売りを増やします。

陰線②のあと、少し上げたものの陰線③が出て、次、大きく下げる陰線が出れば、ローソク足の並びとしては非常に弱い形になります。

そう思いながら、「次は売り」と待ち構えていたところに出た陰線④では売りを追加して5-0に。翌日もさらに陰線が出て、ついに10日線自体が20日線を割り込んだので当然、売り継続になります。

「2年に7回程度しか起こらない」20日線と60日線のクロスですから、当初は「6億年続く」と"仮定"して迎えた上昇トレンドでした。しかし、3日、5日、10日線を使うことで、早めに、次のトレンドへの"過渡期"を見極めることが、上記のトレードを行うためには必要です。

その際のルールは、「3日、5日、10日線の密集やクロス」を前兆シグナルにして、「10日線が20日線を割り込むこと」を過渡期入りのシグナルと見なすこと。その時点では、株価も3日線も5日線も20日線の下にある形になります。

陰線④で作った5-0の売りは継続しますが、下落の勢いが鈍って3日線が5日線に接触したり、さらに上の10日線に3日、5日線が接触するようなら、買いヘッジを入れ、売り玉を縮小する心づもりで臨みます。

ただ、その後も株価は下がり続け、陽線⑤が出ても3日線、5日線、10日線が平行して下向きのままなので、3本の線が交差するまではキープ、キープで行ってもいいでしょう。むろん、陽線⑤は株価2万円の節目にぶつかってから、ちょうど9本目のローソク足ですので、いったん切って、その後の動きで次の手を考えるのも一つの考え方です。

図4-16　日経平均株価・デッドクロス直前の建玉の操作

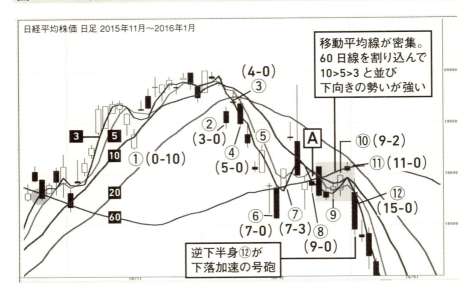

図4-15以降のデッドクロス前後を拡大したのが図4-16です。

下落が続く日経平均株価は、陰線⑥でついにローソク足が60日線を割り込みました。20日線が60日線とデッドクロスするためには、その前兆シグナルとして、株価、3日線、5日線、10日線が60日線を割り込まないとなりません。先遣隊ともいえる株価の60日線割れが起こったので売りを追加して7-0にします。

翌日、陽線⑦が出現して、3日線、5日線に対して下半身になりました。下半身はやっぱり重要です！　陽線⑦では買いヘッジを入れて、7-3ぐらいのポジション比率にします。売りを切らずに買いヘッジにする理由は、すでに株価が60日線をいったん割り込んでいて弱いからです。

その後のコマや20日線を上ヒゲで抜けたものの失速して陰線で終わった値動きですが、10日線、20日線ともに急激な右肩下がりということもあって買う理由にはならないので様子見です。

そうこうしているうちに、上ヒゲ陰線の次は陽線ながら再び60日線を下回りました。

さらに陰線⑧が出たことで、3日前の株価上昇に引っ張られて上昇したもの

の10日線にぶつかって跳ね返された3日線が、60日線を割り込んでいます（図のAの地点）。

ローソク足の一連の流れから見ても下落の勢いは強いと判断して、陰線⑧では⑦で入れた買いは切って、9-0と売りをさらに追加します。

Aの地点以降は移動平均線が密集していて、ぐちゃぐちゃの状況です。移動平均線の密集はステータス的には純NONとなりますが、純NONは新たなトレンド相場が始まる前兆。ぐちゃぐちゃにもつれ合った移動平均線はやがてばらけて広がるはずです。

さらに移動平均線を見ると、すでに20＞10＞5＞3という短期的な下降トレンドの並びになっているのでますます売りで勝負したい場面です。

その後、⑨、⑩と陽線が出て、3日線、5日線に対して下半身シグナルが点灯しています。

いまだ株価も3、5、10日線も60日線の下にある状況で、20日線の傾きから見て、そのうち20日線と60日線がデッドクロスするのは時間の問題のように見えます。

ただ、そうはいっても下半身なので、一応、買いヘッジを入れて9-2ぐらいにしますが、翌日、60日線にぶつかった陰線⑪で、早々と買いは利益確定して売りを増やし、11-0にします。

すると、⑫の大陰線が5日線のみならず10日線に対しても逆下半身の形で出現。20日線が60日線とデッドクロスして、6億年続く!?…かもしれない下降トレンド入りが明白になりました。

すでに、株価と移動平均線の並びは、60＞20＞10＞5＞3＞株価という完璧なる下落＝逆PPPになっていますから、ここは正々堂々、大きな声を上げて「売り！」と叫びましょう。

そして、15-0まで売りポジションを増やします。

まさに「よーい、ドン！」という下降トレンド入りの号砲を大きな含み益を抱えた状態で聞くことができるわけです。

つまり、売りのうねり取りでは、上昇トレンドが続いている最中にトレンドの弱りを察知して買いを徐々に減らし、売りを増やすことが前哨戦になります。さらに株価が60日線を割り込んで、3、5、10日線がもつれ合う混沌とした純NON状態になったら「そろそろ20日線と60日線のクロスは間近」とトレ

ンド転換を視野に売りポジションを増やす「助走期間の仕込み」「非武装中立地帯での備え」に入ります。

この事前の仕込みこそが、トレンド転換で大きな利益を上げるためには必要不可欠なステップといえるのです。

さぁ、いよいよ下降トレンド突入です。しかも15-0の売りポジションをすでに持っています。

図4-17でその後の建玉の操作を見ていきましょう。

次に20日線と60日線がゴールデンクロスするまで15-0の売りポジションを保有し続ければ、すでに結果がわかっている以上、儲かることは儲かりますがそれでは芸がありません。

この下落過程ですでに仕込んだ15-0の売りポジションに売り乗せをしたり、反発局面で売りを減らしたり、さらに次の来たるべき6億年の上昇トレンドに向けたトレンド転換を事前に察知して、せっせと準備期間中の買いを仕込んでいく必要があります。

⑫の逆下半身で始まった下げトレンドですが、その後、60＞20＞10＞5

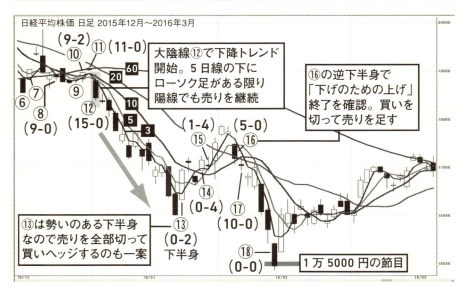

図4-17　日経平均・下降トレンド入り後の建玉の操作

＞ 3 の逆ＰＰＰが続く限りは、「5 日線の下の陽線は陰線と見なす」のがルールです。

だから、次に下半身が出るまでは 15-0 の売りポジションをキープすることで、まさにフィーバータイムのように利益を積み上げることができます。

かなり長い下落のあとにようやく出現した⑬の大陽線は 3 日線、5 日線に対して下半身ですから、ここは対処が必要になります。

人によっては 15-0 をいったん切って、0-2 の打診買いを入れるという方法もあれば、ここは「下げのための上げ」と考えて 10-10 の両建てにして、その後、下落トレンドが再開したところで買いの 10 を切って再び 10-0 もしくは 12-0 の売りで下落を獲るという考え方もあります。

あるいは「ミニうねり取り」になりますが、0-2 と買いを入れたまま、上昇局面は売り上がっていって、上昇のピークで買いを外して、積み上げた売りで利益を得るという逆張りの手法など、紙面の関係上、書ききれませんがたくさんのやり方があります。

たとえば、⑬の下半身で売りを全部切って 0-2 の買いを入れた場合は、翌日の十字線と翌々日の陰線で売りヘッジを入れて下げに備え、10 日線に対して下半身になった陽線⑭で、売りヘッジを外し、0-4 と買いを多めに入れます。

とはいえ、まだ株価の上には右肩下がりの 20 日線があって、ここで上げ止まる可能性もあるので、0-4 の買いでの利益を背景に、次の小陰線⑮あたりで 1-4 と売りポジションを少し追加します。

株価は 20 日線を越えて上昇しますが、ここは買い増しせずに様子見します。その理由は、⑴ 20 日線が下げていること、⑵ 60 日線がその上で下げ続けていること、⑶最安値から数えて陽線の本数が 7 本目〜 9 本目にあたるので反転下落が見込めそうだからです。

そして、想定通り、株価が下落して 5 日線を逆下半身で割り込んだ⑯の陰線では買いをすべて切り、「まだ下降トレンド。ここまでの上げは『下げのための上げ』」と再確認しつつ、5-0 と完全に売り転換したいところ。

次の小陰線⑰が 20 日線を割り込んだところで、10-0 まで売りを増やすのもいいでしょう。

日経平均株価を使った建玉の操作はまだまだ続きますよ！

図4-18の陽線⑬から始まった上昇局面のもう一つの考え方としては、⑬の下半身では売りはすべて切らず、買いを同額の10-10などにして上昇局面は様子見すること、といいました。

　その場合、上昇失速が明らかになった⑯の逆下半身で買いはすべて切って、再び12-0程度の売りを入れて下げ相場再開に備えます。

　前ページで見た⑯の逆下半身で5-0と売り転換し、⑰の小陰線で10-0に売りを増やして臨む場合でも、今見たように反転上昇局面は10-10で様子見に徹して、⑯の逆下半身で12-0と売り転換した場合でも、その後、再び、下降トレンドが加速することによって、大きな利益を得ることができます。

　では、その売りをどこで切るか？
　それは⑱の陰線になります。その理由は節目といえる1万5000円に達したこと、そして、下落が始まってから9の法則の9本目まで来ているからです。
　ここからまた下がるようなら、再度売りを入れればいいだけの話です。
　すると、⑱の陰線のあと、3日線に対して下半身となる大陽線⑲が出ました。ここは0-2程度の打診買いを入れたいところです。

図4-18　下落→横ばいから上昇に向かう局面

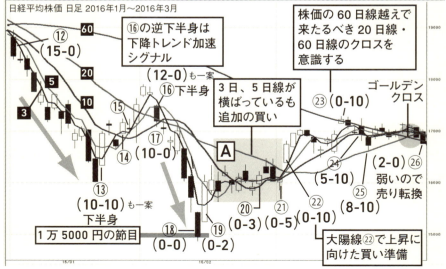

その後、Aのゾーンは3日線も5日線も横ばっていますが、よく目を凝らしてみると、⑳の陽線で10日線が下向きから上昇に転じ、㉑の陽線で、3日線、5日線、10日線が横ばいながら1ヵ所に密集しているので、0-3、0-5まで追加の買いを入れます。

　さらに本格的に次の上昇トレンドの助走期間に入ったと意識すべきなのは、10日線の上に3日線、5日線が飛び出る原動力となり、勢いよく20日線も上に抜けた大陽線㉒が出現したあたりです。この大陽線㉒では完全に次の上昇トレンドを意識して、0-10ぐらいまで買いポジションを仕込んでおきたいところです。

　最初に60日線にローソク足㉓が触れた時点では、このまま上昇が続けば、株価だけでなく3、5、10日線が60日線を越えていき、20日線と60日線のゴールデンクロスが視野に入ったことを意識すべきです。

　ただし、その後、60日線の下で、株価や3、5、10日線が横ばってしまったので、陰線㉔で5-10程度の売りヘッジを入れ、さらに下げた翌日の陰線㉕で8-10程度の追加の売りヘッジを入れて、20日線と60日線のゴールデンクロスを迎えるという流れになります。

　この際、3日、5日、10日線が下向きになり、これらすべての線をローソク足が陰線で割り込んでいるので、買い玉を一旦すべて手仕舞うという手もあります。

　むろん、ここまですべて日足チャートベースでの判断でしたが、実戦では週足チャートの動きも確認しながら進めると、よりやりやすくなります。

　その直後の株価を見ると、20日線と60日線がゴールデンクロスしたあと、再び急落に転じています。

　ここは5日線のみならず20日線に対しても逆下半身となった㉖の陰線出現で買いはすべて切り、2-0もしくは5-0程度の売りを新たに入れたいところですが、それはまた別の話になります。

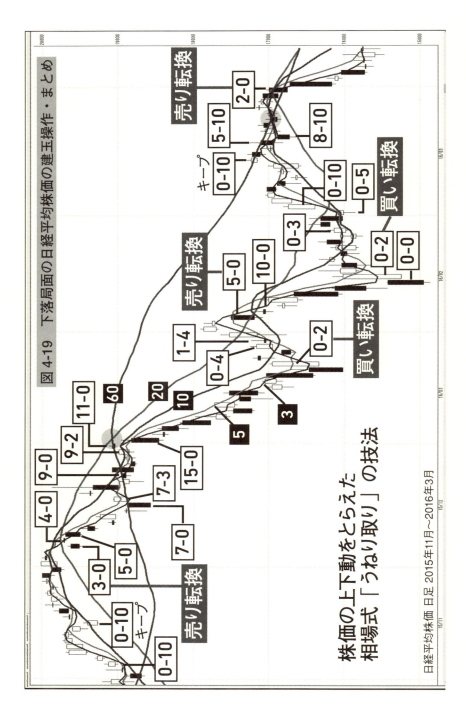

左ページの**図4-19**にこれまで見てきた建玉の操作をすべて網羅した図を掲載したので、全体の流れを再確認してみてください。

マラソンのように長尺な解説になりましたが、これこそが相場式カラ売りトレードにおける、リアルな建玉の操作なのです。

初めての人は「難しい、こんなのできない！」と思われるでしょう。できなくて当たり前です。

もし、貴方がこの段階で完璧に理解できたら、私は「俺の36年返してくれ！」というでしょう。

慌てる必要はありません。これからできるようになれば、いいんですから！当然ですが、いきなり実戦で試すのも無謀です。

本書のこのページを何度か読み返したら、早速、練習、練習、練習、鍛錬、鍛錬です。

建玉の操作の練習法としては、まずは「これは！」と思うチャートを見ながら、結果すなわち答えがわかった状態で、トレンド途中の助走期間から次のトレンドに備えるまでの建玉の操作を、猿真似でもゴリラマネでもいいので何度もやってみてください。

答えがわかっているんだから、どのように建玉の操作をすれば儲かるのか、簡単に売買プランを立てることができるはずです。

ただし、その際、「なぜ、そこでカラ売りするのか／買いヘッジを入れるのか」を自分なりに理由をつけて説明できるようになることが大切です。

この「カンニング練習」である程度、建玉の操作が身についたら、次はチャートの未来の部分を隠して、「ここから先、どう取引するか」を考えたうえで1本ずつチャートを表示させていく「紙芝居トレード」に移行します。

「次どうなるかわからない状況で、自分が行った建玉の操作が正しかったのか間違っていたのか」をいちいち検証しながら、隠した"未来"のローソク足1本1本をそろりそろりと表示していきます。

これを100銘柄で30年分、合計3000年分やれば、建玉の操作にもかなり慣れてくるはずです。

「ああなったらこうなる」「こうなったらああなる」という株価の流れの「次の次」「先の先」を読む技術も、どんどん研ぎ澄まされてくるでしょう。

何度もいいますが、相場式トレードの株職人になるためには、練習練習練習、鍛錬鍛錬鍛錬以外ないんです！

その代わり、確実に実力がついて行きます。

練習は裏切らない！

真面目で地道な人が「運」とは関係なく、"お金持ち"になれるのが相場式トレードの目指す道なのです！

第 **5** 章

短期売買を制す！
移動平均線
の
新技術

CHAPTER

THE
NEW SKILLS
OF
MOVING
AVERAGE

THE SAFEST METHOD OF SHORT SELLING IN THE WORLD

10

The New Skills
of
Moving Average

進化した
「忍法ローソク足隠し」
の練習術

　私、相場師朗の株トレードはたえず進化しています。

「初心者の方でももっと簡単に、わかりやすく儲けられる考え方、方法、テクニックはないか？」をいつも考えに考え抜いています。

　とにかく、初心者の方にとって一番高いハードルになっているのは「株価」そのものです。

　気まぐれで移り気で、じゃじゃ馬で煩悩のかたまりで、飛んだり跳ねたりする「株価ちゃん」とのお付き合いは実に大変で骨の折れる作業。

　そこで、すでにおなじみなのが「忍法・ローソク足隠しの術」。

　ローソク足が私たちの判断を鈍らせているところもあるので、まずは移動平均線だけを表示して、株価の素直な流れを頭に叩き込む。そのあと、ローソク足も表示して、移動平均線オンリーのチャートで見た流れに沿った売買を行う、という2段階方式のほうが間違いのないトレードができる、という手法です。

　そして、この忍法・ローソク足隠しの術をさらに進化させるために、私は新たな移動平均線を仲間に迎え入れることにしました。

　それが3日線、10日線、さらには7日線という短期移動平均線です。

　これまでの5、20、60、100、300だけでなく、3、5、7、10、20、60と短期間の移動平均線の数を増やすことで、皆様が大好きな短期売買にも使える、新たな「ローソク足オフ」のダイエット…いや株式トレード術を編み出したの

です。

「秘すれば花、秘せずば花なるべからず」という古き教えもあります。

ローソク足を秘する（隠す）ことで、逆にローソク足（花）の動きがよりクリアに察知できる手法は「カラ売り」にも極めて有効です。

➤「往復リーディング」で流れをつかむ

チャートからローソク足を消し、3日線（もし色をつける場合はピンク）、5日線（赤）、10日線（黄緑）、20日線（緑）、60日線（青）という超短期から中期までの移動平均線だけを表示させるのが第一歩です。

そして、チャートを過去から現在へと順を追って見ていき、最先端の現在まで到着したら、今度は現在から過去にさかのぼって、もう一度見ていく。この往復リーディングで株価の流れを頭に叩き込むのです。

パンローリングの「チャートギャラリー」や2018年秋、私、相場師朗が独自開発したチャートソフト「ＳＨＩＲＯ指標」を使えば、株価の30年分の値動きが見られます。図5-1は日経平均株価の2017年〜18年にかけての流れで

図5-1　日経平均株価のローソク足なしチャート

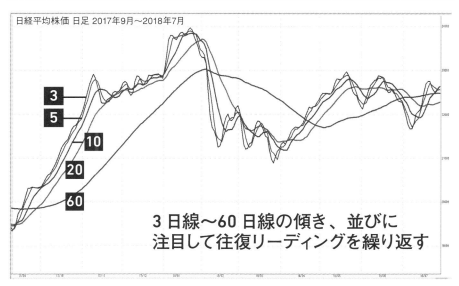

すが移動平均線の並びと交わり、傾きに注目してください。

「上昇のときは3＞5＞10の並びになり、下降のときは10＞5＞3の並びになる」
「3が10を越えて、5が10に触ると上昇開始、3が10を割り込んで、5も10に触れると下降開始」
「3と5が10から離れて推移している間は取引継続」
「3と5が10に再びくっついたら取引終了」
「3と5と10、時には20までがもつれ合って横ばいのときは様子見」
「3、5、10、時には20が一ヵ所に寄せ集まった状態から『お釈迦様の手』のようにばらけたところがトレンド発生地点」

　観察を続けると、上記のようなルールで合計5本の移動平均線が動いていることがわかります。この手法の一番いいところは、ともするとランダムな動きをするローソク足がないので、株価の純粋な流れが一目瞭然でわかることです。株価が暴落したり下落が続くカラ売りタイムもすぐわかるので見てみましょう。

図5-2　株価下落時の移動平均線の変化を追う

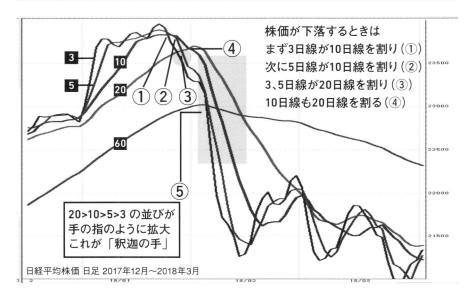

左ページ図 5-2 は 2018 年年初に急落に転じた日経平均株価ですが、拡大した部分の並びを見ると、株価が下がり始める前の移動平均線の並びの変化がわかります。

　株価が急落する前には、

「一番反応の早い 3 日線が 10 日線を割る（図の①）」

「次に反応の早い 5 日線が 10 日線を割る（図の②）」

「3 日線、5 日線がやがて 20 日線を割る（図の③）」

　これが下落の端緒になります。

　その後、「10 日線も 20 日線を割る（図の④）」と下落がさらに加速し、「上から 20 ＞ 10 ＞ 5 ＞ 3 の順となり釈迦の手の形になって広がり始めたら、本格的な下落トレンド入り（図の⑤）」です。

　移動平均線がこの並びになっても急落しないで再び 3 日線、5 日線が反転上昇して持ち直すケースもありますが、株価が急落する場面では必ず、100％の確率で、上記の①〜⑤の変化が起こります。

　図 5-2 の①〜⑤の流れを拡大してローソク足も表示したのが下の図 5-3。

「どのローソク足で取引するか」を自分なりに考えてください。

図 5-3　ローソク足も表示して売買ポイント探し

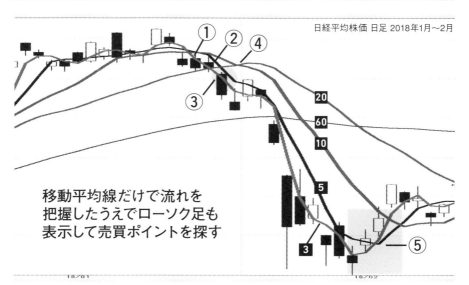

図5-3では、まず①の前日の陰線が窓を空けて3日線や5日線を飛び越えて下落しています。

そこですかさず1-0と打診売り、3日線が10日線を割り込んだ①で3-0まで売り追加、②の5日線が10日線を割り込んだところで5-0、③の3日線、5日線が20日線を割り込んできたところで7-0と売り玉を増やしていきます。

その後陽線が出ていますが、①から④に至る過程では、3日線が5日線や10日線に対して逆くちばしとなり、その後、3日線と5日線がクレヨンになって平行して下落し始めるなど、逆くちばしとクレヨンが複数発生しています。

3日線、5日線が急激な右肩下がりで下落している間は、かなり大きな値幅を利益にかえることができます。

売りの利益確定は、3日線、5日線が横ばって、10日線に触った⑤のゾーンになります。

移動平均線の傾きと売買の方向性が同じなら、カラ売り中の陽線など、多少、反対シグナルが出ても決済しないで利益を伸ばせるのも、この手法のメリットといえるでしょう。

とにかく、過去から現在、現在から未来を行ったり来たりして、カラ売りや買いで儲かりそうなところを見つけたらストップ。

ローソク足も表示して、どういう売買をしたら儲かるかを検証していきます。

これが本書で初めて公開する**「進化した忍法・ローソク足隠しの練習術」**です。「往復リーディング」という名称をつけようかと思いましたが、目が覚めるような効果のある練習法なので「往復ビンタリーディング」と名付けてみました。

日経平均株価や、「自分と相性のいい個別銘柄30年分」を行ったり来たり往復ビンタをし続ければ、似たような場面が何度も登場することに気づくでしょう。

「あれっ、このパターン、どっかで見たな」というアーカイブ（過去の記録）が頭の中のデータベースに回路のようにインプットされれば、もう怖いものなし、です。

152

➤個別銘柄で「移動平均線リーディング」の威力を確認

　個別銘柄でも移動平均線リーディングは力を発揮します。本書で初めて紹介する手法なので、まずは買いのケースを見てみましょう。

　図5-4はソフトバンクグループの日足チャートです。Aのゾーンは3、5、10、20日線が60日線の上にあるので上昇トレンドといえますが、20日線をまたいで3、5、10日線が上下動して「くんずほぐれず」状態なので、上昇の勢いが失速中だと思われます。その後、3、5、10、20日線が60日線を割り込み、下落局面Bに移行。

　そしてCの地点で底を打った3、5日線が急角度で上昇し10日線を越えたので、ここで打診買いしたいところです。そのまま20日線も越えたところでは、5日線と20日線がくちばしになっていることもあって買い増し。さらに60日線を越えたあと、3日線がいったん下がって再び上昇に転じたN大シグナル完成のDの地点では、10日線と20日線のくちばしも発生しているので、本格的な買いを入れましょう。

　そのまま、3、5日線同士が交わらずに上昇を続けている間は買いを継続して、

図5-4　ソフトバンクG下落後、上昇局面の売買プラン

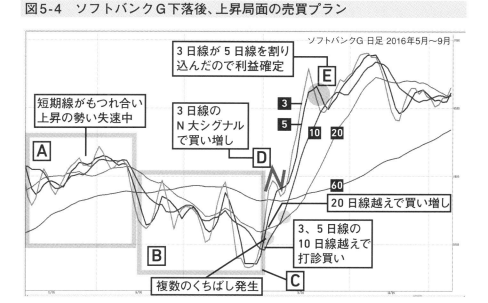

3日線が5日線を割り込んだEの地点で利益確定。ただし、3日線を除くと5＞10＞20＞60ときれいなＰＰＰが続いているので、10日線に近づいたら再上昇と読んで買いの準備をする、といった売買プランを立てることができます。

本当に移動平均線だけを表示すると値動きが抽象化されるので、株価の流れが今、どんな状態にあるかが、簡単につかめます。これこそ移動平均線リーディングの効果です。

ここで初めてローソク足を表示します（図5-5）。

図中に、前ページ図5-4で立てた売買プランをそのまま記入しました。

ローソク足を示すと結構、ごちゃごちゃして局面がわかりにくく難解になります。しかし、**図5-4**の移動平均線オンリーチャートで想像したようにＡの局面では上昇は続いているものの、5日線を巨大陰線で割り込む逆下半身が連発していて、買いでは入りにくい局面です。

Ｂの下落局面でも急騰→急落が続いて、なかなか下げをうまく獲るのは難しそうです。しかし、ローソク足が底値で下げ止まったあと、Ｃの地点で5日線をまたいで上昇する大陽線①が出現。この下半身シグナルは買いで正解でした。

図5-5　ローソク足も表示したソフトバンクＧの上げ局面

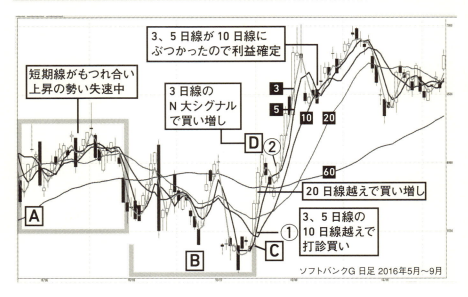

その後、3日線の20日線越え時点での買い増しも見事成功していますし、さらにDの地点で、いったん下落した3日線が再上昇して前回高値を抜けようとしているときに出た下半身シグナルの陽線②は本格買いに最適のタイミングになっています。
　むろん、ローソク足を表示してみたら、実際はもっと乱高下が続いていて、取引するのは難しい場面もあります。しかし、移動平均線リーディングの売買プランの的中率がかなり高精度なことがおわかりいただけたか、と思います。ポイントは「3日線、5日線が10日線を抜けて一方向の動きが加速しそうな勢いのある場面」を狙うことです。

　では、本書のテーマである下げ＝カラ売りの局面も見てみましょう。
　図5-6は同じソフトバンクGの日足チャートですが、上昇がピークに達したあと、Aの地点で3日線、5日線が20日線を割り込んで下落しています。ここは打診売りを入れ、3日線、5日線が横ばった地点で利益確定したいところ。いったん上昇したあと、20日線にぶつかり10日線を割り込んで下落したBの地点では、下落する20日線に対して、3日線、5日線のものわかれがすでに

図5-6　ソフトバンクG、下降トレンド継続時の売買プラン

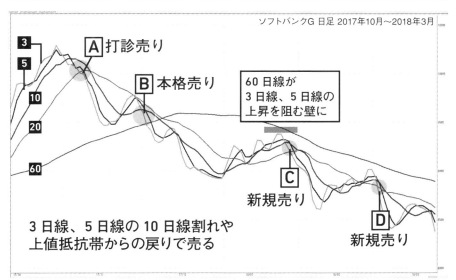

図5-6（再掲）　ソフトバンクG、下降トレンド継続時の売買プラン

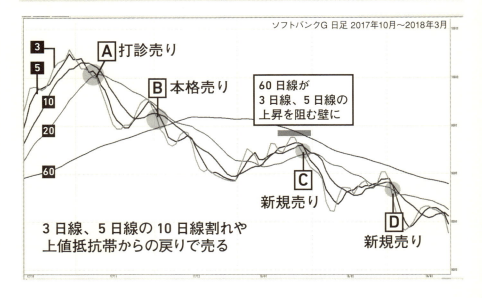

完成しており、「これは60日線を割りこむな」と先読みして本格的な売りで参戦すべきです。その後、下落中盤からは60日線が上値の壁になって、3、5日線の上昇を押し戻しています。

　60日線に押し戻されたあと、3、5日線が10日線を割り込んだCやDの下落はカラ売りで果敢に攻めていきたいところといえるでしょう。

　想像するにこの場面ではきっと、ローソク足が5日線を割り込む逆下半身シグナルになっているはずで、そこがカラ売りでエントリーするポイントになる、といった売買プランを立てることができます。

　そこで、ローソク足も表示した右ページの図5-7を見てみましょう。

　上昇のピークからAの地点で3、5日線が20日線を割り込んだところは、ちょうどローソク足が5日線に上値を押さえつけられる格好になっていて、売りで正解でした。

　3日線、5日線が20日線にぶつかったあと、Bの地点で、10日線を割り込んだところは、すでにローソク足が60日線を割り込んでいました。60日線を下回る陰線①が出た時点では、5日線も60日線を割り込みそうなので売りを

入れたいところです。次に陽線②が出ましたが、このときには5日線が60日線の下に入り込んで弱い局面。

これまでの上げを見ても、ローソク足の上昇本数が3本目、4本目で陰線になってしまう動きが続いていたので、この陽線②以降の上昇では売りを切りません。「**3、5日線が10日線の下にあるときは陽線も陰線と見なして売り継続**」**というルールで臨む**ことで、それなりの下落をモノにできます。

CやDの局面では、右肩下がりの60日線に対して、3日線から20日線までがそろってものわかれになっています。

さらに、どの移動平均線も前の高値を越えられず、「**前の安値を切り下げて下落が続いている**」ことを理由に、「**売り継続**」と判断でき、その通り、成功しました。

このようにまず移動平均線の並びや傾きを見ることで、株価の流れがどちらに向かっているか、その方向性や強弱を把握したうえでローソク足も表示して個別の売買ポイントを見つけるほうが、より大局的で高見に立った取引ができます。ローソク足の一見ランダムに見える動きに右往左往したり慌てたり焦ったりすることなく、取引できるようになるのです。

図5-7　ローソク足を表示したソフトバンクGの下げ局面

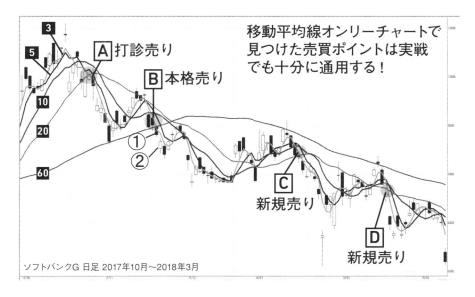

➣10日（週）線の高値と安値、20日（週）線との位置関係に注目！

　3、5、10、20、60の5本の移動平均線を使う場合、重要になるのは真ん中の**10日線**です。3、5日線だと反応が早すぎ、逆に20日線だと反応が遅くなる。10日線を加えることで値動きの転換点がベストのタイミングでわかります。

　基本は「3＞5＞10なら上昇、10＞5＞3なら下落」です。

　ただ、これは取引を継続する条件になりますが、取引を始める根拠としては遅すぎます。そこで考えたのが、10日線の高値と安値に注目したトレード法。**「10日線が前の安値を割り込んだところが売りポイント、前の高値を越えたところが買いポイント」**というのがルールになります。

　以下、週足チャートで見ていきますが、基本は一緒。

　図5-8は日経平均株価の週足チャートに10週、20週、60週線を表示したもの。10週線が前の安値を割り込んで下落が加速したところは売り、その後、前の高値を越えて上昇が加速したところは買いのポイントになっています。

図5-8　10週線の高値・安値に注目して下落加速を狙う

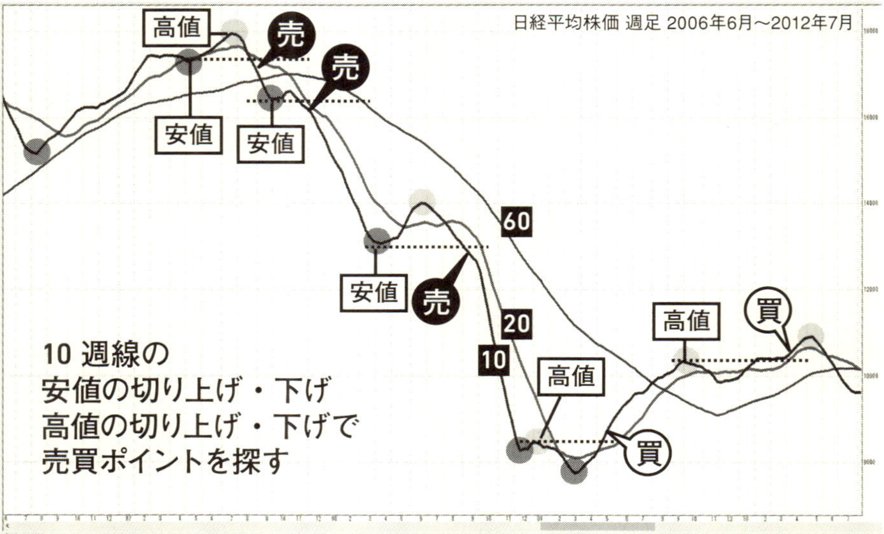

図5-9はアジア危機で日経平均株価の下落が長期間続いた、1996年〜1999年前後の週足チャートに10、20、60週線を表示したものです。

10週線や20週線が60週線を上抜け、下抜けしたところがトレンドの転換点になりますが、第4章でも見たように20週・60週線のクロスは「株価の新トレンドが6億年続くシグナル」と仮定する場面です。

当然、クロスが起こる以前から、次のトレンド発生に備えて、買いや売りのポジションを積み上げていくことになります。

その際、10週線が前の高値を越えられずに下落に転じた①の高値や、安値を割り込んで下落したAの地点は図に示した通り、「6億年続く（かもしれない）下降トレンドのスタート時点で売り玉を積み上げる」ポイントになっています。

Aの地点は、10週線が前の安値を下回り、しかも20週線、さらに60週線を割り込んで下落が開始した地点なので「ここだ!!」と叫びながら、カラ売りしたい場面といえるでしょう。

次に10週線が反転上昇していったん60週線を越えたものの、Aの地点の前の高値①を越えられずに下がり始め、かつ60週線を割り込んだBの地点も「よーし!!」といいながら売りで入る局面になります。

図5-9　10週線の高値、安値切り下げで見た売り局面

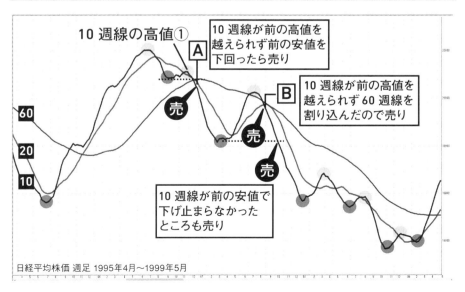

さらに、10週線の前の安値で下げ止まらず、さらに下落したところも「行くぞ!!」といいながら、カラ売りを追加するポイントになります。

このように、移動平均線だけを表示して、株価の流れを見ながら、売りポイントを探す。

これは、初心者の方でも比較的簡単にできるんじゃないでしょうか？

そして、明確な売りのイメージを思い浮かべることができたら、いよいよローソク足とご対面です。

すると、どうでしょう！

図5-10は図5-9の下げ局面を拡大してローソク足を表示したものですが、10週線をもとに探した売りポイントで、実際のローソク足も下落しているではありませんか。

特に10週線が前の高値を越えられず60週線を割り込んだBの地点は、いわゆる「下げ始め」、下降トレンド入りの初動段階で、そこで売りを入れることができたので、大きな利益を得ることができました。

まさに「10週移動平均線、恐るべし！」なのです。

図5-10 ローソク足表示で売りポイントが正しいか検証

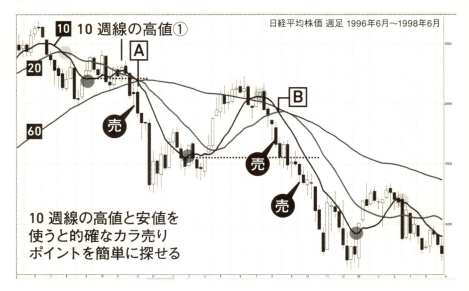

THE SAFEST METHOD OF SHORT SELLING IN THE WORLD

11

The New Skills
of
Moving Average

3、5、7、10日線の密集後を狙う「急落カラ売り術」

株価はいかに上昇トレンドといっても一直線に上げることは少なく、「上げ→小休止→上げ加速」、下降トレンドのときは「下げ→小休止→下げ加速」というリズムで動いていきます。

また、上げや下げが小休止して反対方向に転じる転換点は利益を確定するチャンスになりますし、次のトレンド加速を狙う準備期間でもあります。

その際、非常によく使えるのが複数の短期移動平均線の転換点が重なる密集現象です。

そこで、新たな移動平均線の登場です。

これで打ち止めにするつもりですから、ご安心ください。

それは7日移動平均線。3、5日線より長く、10日線より短い、この**7日線を加えることの意義は、3日から10日までの短期線を増やすことで各移動平均線が転換後に密集している場所を探しやすくする**ためです。

➤7日線を加えるとよりビビッドに値動きに反応

移動平均線はその仕組み上、短い移動平均線のほうが株価に反応して早めに転換します。

つまり、まず3日線が転換して、5日線が転換して、7日線が転換して、10日線が転換して、3日線や5日線がいったん反転するものの、7日線や10日

線にぶつかって、4本の線が密集。その後、下方向にばらけて「釈迦の手」の形になれば、「下落へのトレンド転換が始まるっ！」と事前に察知できます。

　たとえば**図5-11**は千葉銀行の2018年の値動きを3、5、7、10、20、60日線だけで表示したものです。7日線を黒く、太くしてみました。

　移動平均線は「上がって→丸まって→下がって」という心電図のような上下動を繰り返しますが、丸まったところを上昇から下降への「転換点」と見なします。

　図の中で3日、5日、7日、10日の4本の移動平均線がほぼ同時に丸まっている転換点の重なりを探すと、A、B、C、Dのゾーンになります。図を見てもわかるように、4本の移動平均線が密集したあとには大きな上や下への値動きが出ています。

　さらに、移動平均線の山（高値）や谷（安値）にも注目します。

　すると、密集Cの高値は密集Aの高値を越えることができずに下落しています。

　このように移動平均線の転換点の重なりが前の高値を越えられないときは下

図5-11　移動平均線の転換点の重なりと前の高値・安値

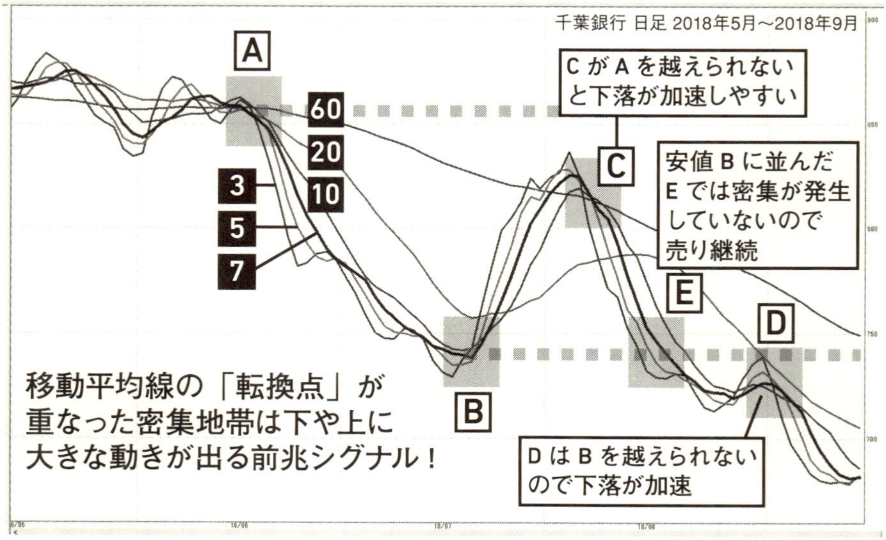

降の勢いが強く、激しくなりやすいのです。

逆に、密集Bの安値を再び、移動平均線が割り込んだEの地点を見ると、そこではまだ移動平均線がばらけていて、密集が起こっていません。4本の短期線は、密集Bの安値を割り込んで、さらに下げていることになりますから、ここは売り継続でいい、と判断できます。

その後、移動平均線は密集Dを形成していったん上昇しますが、Dの高値は密集Bの安値も越えられず、再び下落に向かっているので、「株価の勢いは弱い」ことがわかります。密集Dが下方向にばらけたところは再び、カラ売りで勝負するポイントになるわけです。

移動平均線の転換点の重なりは株価が上か下かに大きく動く前兆になりますが、転換点が前の転換点より高いか安いかを見ることでトレンドの方向性をある程度、事前察知できるのです。

まとめると、

「3、5、7、10日線の転換点が重なる（密集する）と、そのあと、相場は上か下かに大きく動きやすい」

「転換点の重なり（密集）が高値や安値を切り上げていれば上昇トレンド、切り下げていれば下落トレンド」

「前の転換点より高い位置で転換が重なったら、その後、上昇へ向かう可能性が高い。逆に前の転換点より低い位置で転換が起こったら、その後、下落に向かう可能性が高い」

ということになります。

この考え方も本書で初めて出てきたものなので、上昇のケースも見ておきましょう。次ページ図5-12は同じ千葉銀行の上昇局面を3、5、7、10、20、60日線で示したものです。

3日線から10日線の4本の線に注目してください。

3日線が転換して、5日線が転換して…最後に10日線が転換して、4本の移動平均線の転換点が重なっている箇所は、A～Eになります。CやEでは、その前に4本の移動平均線が長期間もつれ合っています。

163

図5-12　上昇トレンドでの密集と前の高値・安値

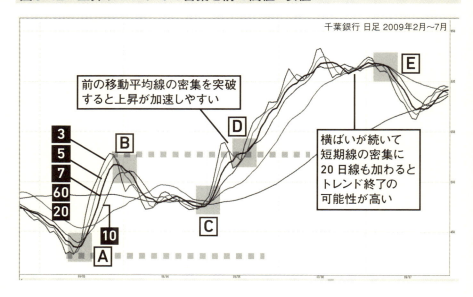

　おそらく株価がかなり長い間、横ばいで推移したあとに、ようやく4本の移動平均線の方向転換が重なって、「釈迦の手」が広がるように、トレンドが加速しています。

　このとき、A～Eの転換点の重なりの価格帯に注目すると、Aの安値からBの高値まで上昇したあと、Aの安値を下回らずに横ばい相場が続いて、やがて、Cの地点の転換点の重なりで上昇に転じています。

　その後、Dで小さな密集が起こっていますが、ここはちょうどBの高値が位置する価格帯です。いったんBの高値に上値を抑えられて3日線、5日線は丸まって下落。しかし、右肩上がりの10日線が支えになって再度、上昇に転換しており、4本の移動平均線の転換点が重なっています。

　そして、Bの高値を突破したことで上昇が加速。つまり、**4本の転換点の重なりを使ったトレンド分析では、「前の高値の密集突破→上昇が加速しやすい」「前の安値の密集突破→下落が加速しやすい」**というのがルールになるので、覚えておきましょう。

　その後、4本の移動平均線は横ばいになってもつれ合い状態が続きます。3日線から10日線までが入れ乱れて、もつれ合う形になると、やがては長期の

20日線も近づいてきて、密集に参加します。

　3日間の終値の平均値も20日間の終値の平均値もほぼ同じ価格帯になってしまうと、買ってもあまり儲からない状況になります。

　そのため、「3日線から10日線までの密集に20日線まで加わると、それまでのトレンドが終了する可能性も高い」というルールも頭に入れておいたほうがいいでしょう。実際、横ばい相場が続いたあとのEの転換点の重なりのあとは、3日線、5日線、7日線が下方向に大きくばらけて、60日線に向かう下落局面が加速しているのです。

➤移動平均線の「密集」をとらえた実戦トレード

　ローソク足なしの複数の移動平均線だけで、下降・上昇の転換点の重なりや前の高値・安値に対する位置関係を見ていきましたが、この考え方を使って大幅下落を察知する実戦例を見ておきましょう。

　図5-13は2011年の東洋水産の日足チャートです。久しぶりにローソク足も入れたチャートを見ると、ごちゃごちゃして見えます。

図5-13　東洋水産の下降トレンド入りを移動平均線で察知

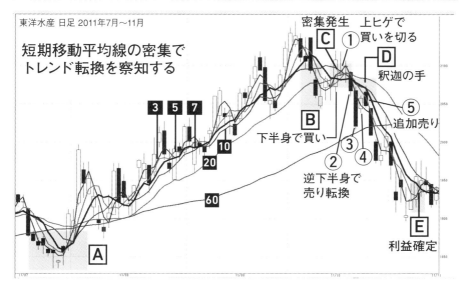

図5-13（再掲）　東洋水産の下降トレンド入りを移動平均線で察知

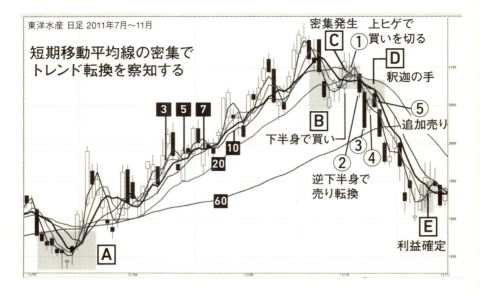

　しかし、移動平均線だけを見て株価の流れの方向性を見る練習をのべ何千年分ものチャートで続ければ、ローソク足があっても無視して、移動平均線だけに注目できる「心眼」が鍛えられるようになるので安心してください。

　上に再掲した図5-13の東洋水産はずっと上昇トレンドが続いてきました。図のAのゾーンでは、いったん3、5、7、10日移動平均線が60日線の下まで下落していますが、3、5、7日線がほぼ同時に上方向に転換したあと、10日線もそれに続く転換点の重なりが起きて、上昇トレンドに回帰しています。

　その後、Bの地点ではAと似たような状況が起こり、3、5、7日線が10日線を割り込んで下落しています。ただ、その後は陽線が連発して、3日線がまず上向きに転換し、続いて、5日線が上向き転換しています。

　ただ7日線は横ばい、10日線が下向きなので買いではありませんが、売りでもない状況です。とりあえず、これまで続いた上昇トレンドの押し目かもしれないので、下半身の大陽線で打診買いを入れてみましょう。

　が、しかし、あれっ？　すぐに上ヒゲの長い陽線①が出て上値が重たい展開になりました。

166

図5-14は図5-13の下降トレンド入り局面を拡大したものです。

Cの地点の移動平均線を見ると、ばらばらの方向を向いた3～10日線、さらに20日線も加わって団子状態の密集が起こっています。10日線が下向きに転換していて、これはなにやら怪しげな雲行きなので買いを切って様子見します。

さらに様子を見ていくと、Dの地点の直前では3～20日の5本の移動平均線が全部、下向きに転換して、なおかつ一ヵ所に密集しています。

株価は前の高値に対して直前の高値が切り下がっており、「トライ届かず」になっています。同時に移動平均線の高値と安値も切り下がっているので、「これは上昇トレンドが相当弱ってきたな」と感じるべき場面。

しかも、陰線②は3日線から20日線に対してオール逆下半身シグナルになっているので、ここは売りを入れるべき場面です。

翌日には大陰線③が出たので、売りを増やします。

その翌日には陽線④が出ますが、この場面は3日線と5日線がともに下向きで両者の間隔が広がっています。さらに移動平均線の並びが上から20＞10＞7＞5＞3と短期的に見て逆PPPになっています。つまり、下落が加速し

図5-14 東洋水産下降トレンド入り・拡大図

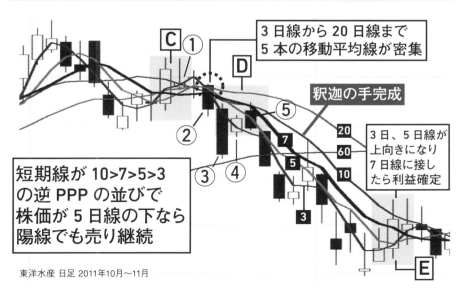

東洋水産 日足 2011年10月～11月

ている状況です。

　こういう状況では、たとえ陽線が出ても、移動平均線の向きを重要視することで、早すぎる利食いを回避することができます。

　その翌日のローソク足⑤は5日線を越えて始まったものの、再び割り込む陰線なので、ますます下落の勢いが強いと判断して、売りを追加します。あとは、図が示す通りの急激な下降トレンドが加速しており、移動平均線の並びが10＞7＞5＞3をキープしている間はたとえ陽線が出ても売り継続。

　3日線と5日線が上向き転換して、横ばいに転じた7日線と絡み合ったEの地点が利益確定のポイントになります。

　このように、3日線や7日線、10日線という短期移動平均線をたくさん加えることで、株価の流れはややこしくなるどころか、かえって、すっきりします。期間に違いはあれど、移動平均線というのは株価のお尻をたえず追いかけていくもので、その追いかける反応速度が違うだけ。

　複数の短期線を表示することで、**すべての線が同じ方向を向けばトレンド加速、短いほうから順に丸まって方向転換すれば、株価も方向転換、さらに逆向きに転換して「釈迦の手」が完成してばらけ始めたら、トレンド転換と判断できる**わけです。

　これが移動平均線1本だけだと、本当にそうなのか疑心暗鬼になります。

　3、5、7、10という短期線4兄弟がいっせいにシグナルを送ってくれることで、より自信が持てて、実際、確率の高いトレードを行うことができるというわけです。

　下半身・逆下半身や7の法則では上昇途中に陰線、下落途中に陽線が出たら、それでいったん取引終了でした。

　しかし、ＰＰＰ・逆ＰＰＰや移動平均線の並びに注目すれば、この取引終了ルールを無視して、利益をさらに伸ばすことができます。

　この本ではカラ売りの場面を中心に見てきましたが、買いも売りも基本は同じ。移動平均線の転換点の重なりとばらけ（「釈迦の手」）に注目すると、下落でも上昇でも大きな利益を上げられるようになるのです

第**6**章

初心者でも丸わかり

信用取引 の 仕組み

CHAPTER

STRUCTURE
OF
CREDIT
TRANSACTION

THE SAFEST METHOD OF SHORT SELLING IN THE WORLD

12

Structure
of
Credit
Transaction

信用取引
まずは基本のキ

　相場式トレードを行うためには、まず証券会社に「信用取引口座」を開く必要があります。

　なぜなら、信用取引口座を開設しないと、肝心カナメのカラ売りができないからです。

「相場式トレードで儲けたい！　でも信用取引やカラ売りのことはなんにも知らない」という欲張りな初心者の方もきっといらっしゃるはず。

　そこで、初心者の方々に最初に読んでもらうため、信用取引やカラ売りの仕組み、ルール、独特の用語などについて解説していくことにしましょう。

➤普通の証券取引（現物取引）と信用取引の違い

　証券会社に証券口座を開設すると、口座に入金したお金の範囲内で株を買うことができるようになります。

　実際にお金を入金して、その資金の範囲内で株を買う取引は「**現物取引**」、
その取引を行う口座は「**現物口座**」などと呼ばれます。

　現物取引でも、買って自分名義になった持ち株を売ることはできます。

　しかし、持ってもいない株を売ることはできません。

　そのため、現物口座では「株を安く買って、株価が値上がりしたら高く売って儲ける」という一方通行の取引だけが、唯一、株で稼ぐ方法になります。予

170

想に反して株価が下がってしまったら、「買い値より安い値段で売って損する」ことしかできないのです。

それに対して信用取引口座を開設すると、株を買うだけでなく、持ってもいない株を最初に売ることもできるようになります。

信用取引では、取引したポジションのことを「建玉（たてぎょく）」という特殊な日本語で表現しますが、カラ売りは「売り建玉」や「売り玉」といいます。

カラ売りの「カラ」は空室や空手形と同じ「空」、すなわち、手の内は空っぽなのに、株を借りてきて売ることに由来します。

つまり、信用取引というのは、「よし、わかった、あなたを信用して、お金や株を貸してあげるから、貸したお金で株を買ってもいいし、貸した株を売ってお金にかえてもいいよ。ただし、貸したお金や株は必ず、元通り、返してね！」

というルールのもとに行う株の取引なのです。

➣制度信用は６ヵ月以内に決済しなければならない

信用取引には、証券取引所が決めたルールにのっとって行われる「制度信用」と、証券会社が独自にルールを決めて行う「一般信用」の２つがあります。

制度信用のルールでは、

- 証券取引所が決めた銘柄を買ったり売ったりできる。信用買いできる銘柄のことを「信用銘柄」、信用買いもカラ売りもできる銘柄を「貸借銘柄（たいしゃく）」と呼ぶ。
- ６ヵ月以内に必ず取引を決済しなければならない。

という２つが重要です。

一方、一般信用では６ヵ月といった決済期限がなく、いつまでも取引を継続できます。

ただし、取引の手数料自体は制度信用のほうが安い場合がほとんどです。

一般信用の場合、証券会社が独自のルートで貸株を調達してくるので、制度信用の貸借銘柄でない株でもカラ売りできます。

特に、マザーズやＪＡＳＤＡＱなど新興市場の株の場合、制度信用では貸借

銘柄に指定されていないので、カラ売りしたくてもできない銘柄が多くなります。その点、一般信用なら、証券会社が貸株を独自に調達できる限り、そうした新興株や新規上場したばかりのIPO株でさえも、一定の条件のもと、カラ売りできる場合があります。

　ただ、相場式トレードが狙う銘柄は、1日の出来高が最低でも100万株、できれば200万株以上、売買代金が1日最低10億〜20億円以上あって、毎日、大量の売り買いが行われている時価総額5000億円以上の大型株だけ。新興市場の小型株はまったく相手にしていません。

　また、信用取引の場合、お金や貸株を借りるための金利コストが日々、のしかかってくるため、いくら含み損を抱えていても取引を6ヵ月も継続するのは愚の骨頂です。

　つまり、「相場式トレードは制度信用で十分、一般信用は使わない」というのが結論になります。下の図6-1は日本取引所が公表している信用取引可能な銘柄数（2017年末時点）ですが、相場式トレードの対象になるのは、**東証1部の貸借銘柄1775**の中で、日々の出来高が100万株以上と豊富で、活発な取引が行われ、魅力的な値動きのある株だけになります。

図6-1　市場別・制度信用でカラ売りできる銘柄の数

相場式のターゲットは東証1部の
1775銘柄中、出来高100万株以上

東証1部	東証2部
貸借銘柄　**1775**（86%）	**149**（29%）
全銘柄　2065	517

マザーズ	JASDAQ	合計
43（17%）	**132**（17%）	**2099**（58%）
248	749	3580

2017年末時点。日本取引所の資料より

THE SAFEST METHOD OF SHORT SELLING IN THE WORLD

13

Structure
of
Credit
Transaction

信用取引のリスクと
その回避法①

➤なぜ、持ってもいない株を売れるのか？

　友人から借りたエルメスのバッグを質屋に入れて現金化し、返さないといけなくなったら元金と利息を払って質受け（質に入れた品物を取り戻すこと）したことがバレたら、友人から絶交されてしまうでしょう。

　でも、株のカラ売りはこれと似た仕組みで、持ってもいない株を売ることで利息を払うどころか、逆に儲けようとする行為です。

　初心者の方は、どうして持ってもいない株を売れるのか、なかなか理解できないと思いますが、それは株を貸してくれる人がいるから。

　世の中には金融機関や年金ファンドや会社のオーナー、親会社など、株価が上がろうが下がろうがあまり気にせず、長期間に渡って株を売らないで保有し続けなければならない投資主体がたくさんいます。

　単に長期保有するだけでも株主配当金がもらえる場合もありますが、当面、取引する気もないから、誰かに貸すことで貸株金利を稼ぎたい、というニーズがあるのです。

　こうした投資家たちの要望に応えて、証券会社経由でお金や株を貸し出す役目をしているのが日本証券金融など、「証券金融会社」と呼ばれる制度信用の実質的な運営企業なのです。

173

信用取引でカラ売りをしたあと、取引を終了するためには、その株を市場から買い戻して、借りた人に返さないとなりません。

　この絶対ルールは、カラ売りの持つ潜在的なリスクにもなります。

　つまり、自分自身が決済のために行う買いのおかげで、意に反して株価が上昇してしまうリスクがあるということです。

　これを投資用語では「踏み上げ」といいます。

　踏み上げ相場が起こるのは、自分と同じようにカラ売りした人が多く、市場にカラ売り勢力の潜在的な買い戻し需要がマグマのように溜まってしまったときです。

　そんな株がなにかの拍子に急上昇すると、買いで参入した新規勢力に加え、株価の上昇で損失が膨らんだカラ売り勢の損切りの買い戻し決済が株価急騰の引き金になります。これが踏み上げ相場です。

　そのリスクを回避する一番の防御法は、自分がカラ売りをした理由が消滅したり消滅しそうになったら、買いヘッジを入れたり、様子を見て売り玉を決済することに尽きます。

　踏み上げ相場が起こるのは、売買注文が少ない中小型株の場合が圧倒的に多く、相場式トレードがターゲットにする大型株は出来高も多く、いつでも株の買い手が現れるので、あまり気にする必要はありません。

　ただ、踏み上げ相場につながるカラ売り残高の状況についても、一応は知っておいたほうがいいでしょう。

　制度信用を使った信用買いや信用売りの残高は「買い残」「売り残」と呼ばれ、日本取引所が毎週第2営業日（主に火曜日）の午後4時30分ごろ、各銘柄について信用買いがいくら、カラ売りがいくらという「信用取引残高」を公表しています。

　信用売り残高が信用買い残高に対してどれぐらいの割合かを示したものは「貸借倍率」（「信用売り残高÷信用買い残高」で計算）と呼びます。

　貸借倍率が1倍を割り込むなど低倍率になると、信用買いの潜在的な決済売り需要に対して、カラ売りの潜在的な決済買い需要がかなり溜まっていて、踏み上げ相場が起こるかもしれない警鐘になります。

また、カラ売り残高が膨らむと、信用取引向けに市場で貸し出されている株券が不足します。そうなると、「貸株料」と呼ばれる、カラ売りの通常の取引コストに加えて、「逆日歩」という臨時のコストがかかることになります。

　この逆日歩は1株あたり1日10円とか20円といった価格で示され、状況次第では高額な値段まで跳ね上がることもあります。逆日歩が高額になると、コスト高でカラ売り玉を維持することが難しくなるため、ますますカラ売り勢の買い戻しに拍車がかかり、株価の急騰を招くことが多くなるのです。

　図6-2はネット証券の取引画面ですが、銘柄ごとに信用取引に関する情報が出ているので、取引の際はチェックしましょう。

　ただし、相場式トレードでは、たとえ貸借倍率が低くても逆日歩がかかっていても値動き次第ではカラ売りします。

　相場式トレードは明確なシグナルで売りを入れ、そのシグナルが無効になったり反対シグナルが出れば、すぐに決済します。

　売買ルールをしっかり守っている限り、踏み上げ相場で売るに売れなくなってしまうような非常事態に陥る可能性は少ないので、それほど心配する必要はありません。

図6-2　各銘柄の取引画面に表示された信用取引情報

ネット証券の銘柄情報画面で
信用取引情報をチェックする！

信用残　逆日歩情報

日本証券金融の
情報は毎営業日更新

信用残		日証金残 09/21 速報			
			貸株	融資	差引
逆日歩[円]	5.20 (09/20)	新規	0	103,000	
信用売	909,300 株				
（前週比）	（+465,300 株）	返済	547,300	0	
信用買	742,200 株	残高	86,400	254,000	167,600
（前週比）	（+63,000 株）	前日比	-547,300	+103,000	+650,300
倍率	0.82 倍	回転日数	7.20 日	貸借倍率	2.94 倍

Check　（貸借）倍率が
1倍以下のときは
踏み上げ相場に注意！

逆日歩に注目。図の場合
100株の取引で1日520円
のコストが発生

楽天証券取引画面より引用

➤信用取引の手数料・コストと決済方法

　現物取引の場合、株を買うときには売買手数料がかかりますが、いったん買ったあとはその株は自分のものになるので以後、株を保有し続けることに対するコストはかかりません（証券口座の口座管理手数料はネット証券などではほぼ100%、完全無料になっています）。

　それに対して、証券会社からお金や株券を借りて取引する信用取引では売買手数料のほかに、取引継続期間中も金利コストがかかります。信用買いのときはお金を借りた取引なので「**買方金利**」がかかります。金利の安いネット証券でも年率2.8%前後であることが多く、信用取引期限の6ヵ月間、100万円の買い玉を保有し続けると、約1万4000円の金利を支払う必要があります。

　一方、カラ売りにかかるのは「貸株料」といわれる手数料で、こちらは年率1.1%～1.15%程度に設定されています。

　制度信用を使ったカラ売りの場合、株券が枯渇すると、「**品貸料**」と呼ばれるコストが発生し、この品貸料に適用日数（「逆日歩日数」といいます）をかけたものが、先ほども見た「逆日歩」になります。下の**図6-3**を見てください。

図6-3　信用取引で追加証拠金が発生する流れとは？

逆日歩の最高料率

1000株で1日1000円！

単元株100株の場合

株価500円で	1円
1000円で	2円
2000円で	4円
3000円で	6円
4000円で	8円
5000円で	10円

など細かく決められている

最高料率が上がる日

権利落ち日の2～6営業日前	2倍
権利落ち日の1営業日前	4倍
注意喚起通知銘柄や申込制限・停止措置銘柄	2倍
上記銘柄の権利落ち日1営業日前	8倍
きわめて異常な貸株超過状態の場合	最高10倍

たとえば、品貸料が５円の株を100株カラ売りした場合の逆日歩コストは、株の受渡日（取引日の３営業日後）が土日を挟んでいなければ５円×100株×１日で１日500円。土日を挟んでいると３日分の1500円になります。

　逆日歩の値段設定には**「最高料率」**という上限が設定されていて、日本証券金融のＨＰで確認することができます。

　株価1000円、最低売買単位100株の場合、１株あたりの逆日歩の最高料率は１日２円と決められているので、100株カラ売りすると１日あたり最高で200円の逆日歩コストがかかることに。

　この最高料率は、株主配当の権利落ち日の１営業日前の取引だと４倍になったり、最高10倍まで跳ね上がることもあります。あとで詳しく説明しますが、特に株主配当や株主優待の権利付き最終日をまたいでカラ売りするときは気をつけましょう（182ページ参照）。

　信用取引の場合、決済方法にはちょっと変わったものもあるので覚えておきたいところです。

　たとえば信用買いで買い建てした株を決済する方法としては、買い玉を単純に売り決済するだけでなく、買い建て玉を買い取るのに必要な現金を用意して、その株を現物株として引き取る**「現引」**という方法もあります。反対に現物株を保有したまま、その銘柄をカラ売りした場合は、現物株を渡すことで取引を終了させる**「現渡」**もあります。

177

THE SAFEST METHOD OF SHORT SELLING IN THE WORLD

14

Structure
of
Credit
Transaction

信用取引のリスクと
その回避法②

➤信用取引とレバレッジについて

　信用取引を行うためには、「**委託証拠金**」という一種の担保金を口座に入金しなければなりません。

　証拠金の最低金額は30万円になります。つまり30万円以上のお金がないと信用取引はできないわけです。

　ただし、入金したお金を使って取引するのではなく、そのお金を担保にそのお金以上の取引を行えるのが信用取引のメリットでもあり、リスクでもあります。

　株のカラ売りが「危ない、怖い」といわれるのは、自分のお金以上の、レバレッジ（てこの原理）をかけた取引ができるからです。

　信用取引では委託証拠金として入金したお金の約3.3倍の投資金額まで取引できるというのが、資金面でのルールになります。

　正確には、買いとカラ売りの建玉総額に対して、委託証拠金が30％以上ないと取引を継続することができません。これを「**委託証拠金率**」と呼びます。

　委託証拠金は、取引で損失が発生したり、含み損（「**評価損**」といいます）が拡大すると、その分、目減りしていきます。

　そして、建玉総額に対して、委託証拠金率が30％未満まで目減りしてしまうと、追加の証拠金を入金して証拠金率を30％以上まで引き上げない限り、

178

すべての建玉を強制決済されてしまうことになります。

これが「追証(追加証拠金)がかかる」と呼ばれる、信用取引における非常事態です。

下の図6-4は、その状況を示したものです。

信用取引口座に100万円入金した場合、当初はその3.3倍の約333万円まで取引することが可能です。

たとえば、株価2000円のA社の株を1000株、カラ売りすると、売り建玉の総額は200万円になります。200万円の建玉に対して証拠金は100万円なので委託証拠金率は50%です。

しかし、その後、A社の株が2200円まで値上がりすると、含み損は上昇値幅200円×1000株=20万円となり、100万円あった証拠金は80万円に目減り。委託証拠金率は80万円÷建玉総額200万円で40%まで減少してしまいます。

さらにA社の株が2400円まで上昇すると、含み損は40万円に拡大。もろもろの手数料や金利なども入れると、委託証拠金率が30%未満になるため、追証が発生してしまうのです。

図6-4 追証発生の仕組み。建玉総額は証拠金2倍以内が一つの目安

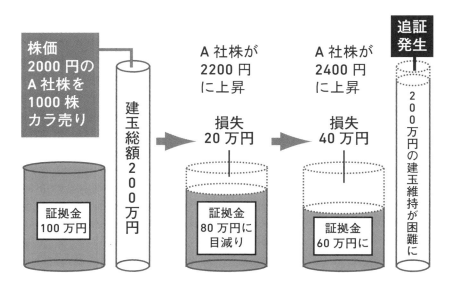

つまり、信用取引では元手の 3.3 倍まで株の売買ができるといっても、そんなギリギリの取引をしていては、ちょっと損失が拡大しただけで追証がかかって、慌ててしまうことになります。

「どの程度の委託証拠金率が望ましいか」は、どれぐらいお金持ちか、によりけりです。ただ一つの目安としては、建玉総額を証拠金の 2 倍以内に抑える、すなわち、元手が 50 万円なら建玉は 100 万円まで、元手が 100 万円なら 200 万円ぐらいに留めておくべきです。

今ある委託証拠金を使って、どれぐらいの金額の信用取引ができるか示したものを「信用建て余力」と呼びます。

委託証拠金率はパーセンテージで示されているのに対して、この信用建て余力は、あといくら信用取引できるかを金額で示したもの。逆にいうと、あといくら損すると追証発生や強制決済になるかの具体的な金額でもあるので、よりリアルにリスクを感じることができるはずです。

信用取引はレバレッジがかかっているため、予想が外れて含み損が拡大したら、躊躇せず、損切りすることが大前提になります。

たとえば、カラ売りしていた銘柄が M&A や TOB（敵対的買収）されたり、大規模な自社株買いを発表したり、驚きの好決算を叩き出したりすると、たとえ大型株でも数日間にわたって株価がストップ高して、あっという間に損失が拡大するリスクがあります。

それを防ぐ意味でも、自分の技術力のレベルに応じたレバレッジを使用する必要があります。

信用取引の委託証拠金には、入金した現金だけでなく、その証券口座内で保有している現物株や投資信託を「代用有価証券」として利用することができます。

つまり持ち株を担保に信用取引できる、というわけです。

ただし、株価というのは日々、激しく変動するので、そのときの 100% の時価では評価されません。

現物株を証拠金としてカウントするときの割合は「代用掛目」と呼ばれます。証券会社ごとに掛目の比率はさまざまですが、およそ 80% 程度の証拠金として評価されるのが普通です。

現物株を買ったうえで、さらにその現物株を担保にして同じ株を信用取引でも買うことを「二階建て取引」などと呼んだりします。

　ただし、現物株を担保に信用買いすると、全体相場が悪化したり、担保にしていた持ち株が急落すると、担保価値がどんどん目減りして信用建て余力が低下します。さらに信用買いした銘柄の含み損まで拡大すると、すぐに追証発生という非常事態になりかねません

　新聞などに「株価大暴落」という見出しが躍ると、多くの信用取引口座で評価損が拡大して、追証が発生します。

　追証を捻出するため、投資家が大挙して信用建玉の損切り決済や担保に入れていた現物株の換金売りに走ると、暴落にますます拍車がかかることに。

　株式市場が暴落に見舞われると、大なる確率で起こる現象なので注意が必要です。

　ただ、相場式トレードの場合、トレード方法についての理解を深め、練習を重ねれば、買いヘッジを入れるなど、リスク回避の方法が自然と身につくようになっています。なので、それほど気にすることはありません。

THE SAFEST METHOD OF SHORT SELLING IN THE WORLD

15

Structure
of
Credit
Transaction

信用取引のリスクと
その回避法③

➤配当・優待の権利確定日をまたいだ取引に注意

　カラ売りの場合、株主配当の「**権利付き最終日**」をまたいだ取引をする際にはコストがかかるので注意する必要があります。

　多くの企業では決算月や中間期の月末最終営業日に株主名簿に名前が記載された株主に対して株主配当を払ったり、株主優待品を贈ります。その日のことを株主配当や株主優待の「**権利確定日**」といいます。

　株主名簿に名前が記載されるには事務手続きなどがあるため、中２営業日かかるので、権利確定日から３営業日前が実質、その日１日だけ株を持っていれば株主配当や株主優待の権利を獲得できる「**権利付き最終日**」となります。

　ちなみに 2019 年７月からは「株式等の決済期間短縮化」が実施され、権利確定日の２営業日前が権利付き最終日になる予定です。

　この権利付き最終日までにその会社の株をカラ売りして、翌日の「**権利落ち日**」まで売りポジションを継続保有していると、「**配当落ち調整金**」という株主配当金の穴埋め金を請求されることになります。

　他人の株を借りて市場で売ってしまうと、その他人様は、株券を持っていたら得られた株主配当をもらえないことになってしまいます。

　そこで株をカラ売りした人が配当金から源泉徴収された税金を引いた配当落ち調整金を代わりに負担する必要があるのです。

182

企業の決算月などを越えてカラ売りポジションを継続保有する場合は、配当金にまつわる取引コストが余計にかかることに注意しましょう。

　株主優待に関しては、権利付き最終日をまたいで株のカラ売りをしていても、株主優待品相当分のお金を支払う必要はありません。

　ただ、株主優待株投資の世界では、優待権利落ち後の株価の急落に巻き込まれないため、現物株を保有しつつ信用取引を使ったカラ売りも行なう「優待権利タダ獲りのクロス取引」が流行しています。

　人気の高い優待株になると、多くの人が優待権利付き最終日にクロス取引でカラ売りを行うため、貸株が枯渇して高額の逆日歩リスクが発生することもあるので注意しましょう。

➤カラ売り規制についても覚えておこう

　制度信用取引の場合、不祥事や悪材料が噴出して株価が暴落したり、逆に株価が急騰しすぎて過熱感が高まると、取引所から追加の信用取引規制が入ることもよくあります。

　最初に発動されるのが証券取引所の「日々公表銘柄」や証券金融会社の「貸株注意喚起」です。

　これは「信用買いやカラ売りの取引が過熱していますよ、危ないので注意してくださいね」という警告になります。

　次に発動されるのが、「増担保規制」で、従来は委託証拠金率が30％以上あればよかったものが、「証拠金率50％超、そのうち現金比率は20％以上」になるなど、担保として必要な委託証拠金率が引き上げられます。

　担保として差し入れていた現物株の代用掛目が80％から60％に引き下げられたり、信用取引の決済方法である現引や現渡ができなくなったり、取引の過熱感が高まるごとに規制は強化されていきます。

　それでも過熱が収まらない場合、最終的には、新規の信用買いやカラ売りが禁止になります。

　株のカラ売りというと不祥事株や経営不振株など、株価が急落している銘柄

で稼ぐこと、と思われがちです。

　しかし、そういった株は株価が売られすぎたせいもあり、ちょっとした好材料が出ると急激なリバウンド上昇も起こります。

　どんな値動きになるか、予測不能な株は相場式トレードではたとえ大型株でも取引対象にはなりません。

　相場式カラ売りトレードがターゲットにしているのは、日々の株価に起こるごくごく日常的な上げ下げの「下げ」部分。だからこそ、いつでもカラ売りで利益を上げることができるのです。

➤平常時のカラ売り規制について

　カラ売りに関しては、平常時の取引でも「カラ売り規制」が設けられています。右ページ図6-5はその仕組みを図解したものです。

　簡単にいうと、1回の取引で成行注文できるカラ売り玉は、1銘柄50単元までしか認められていません。

　2018年に入って、日本株の最低売買単位が100株に統一されたので、成行注文でカラ売りできるのは5000株まで、となります。

　ただし、ルールで規制されているのは、現在の株価を売り崩す意図を持って行われるカラ売りで、株価が上昇局面にあるときに現在の公表株価以上の価格で指値注文するぶんには、51単元以上の株でもカラ売りできます。

　株価が下落局面にあるときも、現在取引されているリアルタイム株価を上回る価格に指値注文を入れて、そこまで上がるのを待つ形なら、51単元以上のカラ売りが可能です。

　成行注文のカラ売りは1回50単元までですが、注文を空ける時間について明確な規定はなく、相場状況から総合的に判断されるようです。

　しかし、カラ売り規制がされていない銘柄なら、多くの場合、翌日になれば、また50単元分、カラ売りできます。細かい建玉の操作をして、何日にも分けてカラ売り玉を仕込む相場式トレードにとって、カラ売り規制はそれほど大きな問題ではありません。

図6-5 51単元以上の成行売りは不可。カラ売り規制の仕組み

カラ売りの成行注文は1回51単元以上はできない

単元株100株で成行のカラ売りができるのは5000株まで

ただし**指値注文のカラ売り**でトリガー価格(※)以上なら可能

※当日基準価格より10%以上、下落した株価

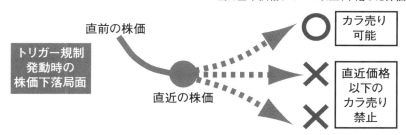

おわりに

　株価というものは上げ下げを繰り返しているだけです。そして、その値動きは上げ半分、下げ半分と考えて大きく間違っていません。買われた株は、ほぼ確実に「売られる」運命にあるからです。

　つまり、「買い」だけで戦うと、チャンスは半分になります。
　しかも、その半分のチャンスでさえも、全部を利益に変えることは大変困難なこと。利益を出し続ける為には、「上げ」は「買い」で獲り、「下げ」は「カラ売り」で獲る戦略が必須になります。

　カラ売りを使いこなせれば、下落相場でも儲け続けられます。「上昇」と「下落」、この2つは正反対の動きですが、実は株式市場の利益の「両輪」。本書では、その「下落」を利益に変える「カラ売り」にスポットを当てました。

　読者のみなさんは私の技術をご覧になってどう思いましたか？
「こんなのできるわけがない！　後付けで解説しただけだ」と思いましたか？

　しかし、本書の内容は、私や私のトレードスクール「株塾」の塾生が実際にトレードをしたら「こう考えて、こう玉を操作するだろうな」と想定できることだけを書きました。
　誓って言いますが、このレベルのトレードは毎日実践しています。

　私がはじめてゴルフを行ったときのことを思い出します。
　スライスすることなくまっすぐボールを飛ばし、飛距離に応じてアプローチを使い分け、グリーンになんなくオンする上司の姿に、当時の私は驚愕しました。「どうして、そんなことができるんだろう。まぐれの連続なのでは？」と思ったことをはっきり覚えています。

しかしその後、私もゴルフの練習を重ねてわかってきました。上司のプレイは偶然によるものではなく、技術によるものだと。そして、技術は「練習」次第で誰にでも身に着けられるものだと。

　この本に書いたことは、正しい「練習」を積めば実行可能なことなんです！「相場師朗だからできること」では、断じてありません。
　株に、才能やセンスは不要。株は技術です。技術だから、「練習」次第で誰でも向上させることができます。

　技術を磨けば、当然結果もついてきます。
　こんなエピソードを思い出します。昔々、そのまた昔、私が大学を卒業した40年ほど前のことです。友人が「ビートたけしって毎晩500万円の現金を持って飲みに行くんだって！」とテレビだか週刊誌だかで知ったことを私に話してくれました。私はこう答えました。

「500万円！　いくらなんだって、そんなことはないよ。50万円の間違いなんじゃないの！　だって、俺たちの年収だぜ。それを一晩で使うなんて、だいぶ盛ってるんだよ」

　今ならわかります。当時の噂は本当にありえる話だと。私はしませんが、する気になれば今の私にもそれができますから。するかどうかは別として、「一晩で500万円使う生活」だって、到達可能な世界なのです。もしあなたが月収数十万〜数百万円を株で稼ぐつもりならなおさら。大切なのは、一歩目を踏み出せるかどうかです。

　パナソニックの生みの親、松下幸之助さんが登壇したある講演会で、聴講者からこんな質問があったそうです。

「松下さんが今までおっしゃったことは、理解できます。でも、具体的にまず、どのようにしたらうまくいくのでしょうか？」

松下さんは答えます。
「まず、やろうと思うことですな」

　聴衆からは、落胆とも取れるざわめきが起こったそうです。
「そんなつまらないこと…もっと核心が知りたいんだ…」と。

　その大勢の聴衆のざわめきの中で、感動で顔を紅潮させ両手を握りしめている青年がいました。

　その青年の名は、稲盛和夫。
　京セラを創業し大企業に育てあげ、ＤＤＩを立ち上げ今のＫＤＤＩに発展させ、さらには、破綻に追い込まれた日本航空を再建し黒字転換、再上場させたあの名経営者です。

　本書に書いてあることは、絵空事ではありません。
　今はできないかもしれませんが、技術を磨けばできるようになること。

　全ては「やろう」と思うことから始まります。
　そして、「できないこと」を「できること」にする遠回りに見えて最短の方法。
　それは、「練習」。

　健闘を祈ります。

株職人　相場師朗

相場師朗の最新情報はこちらから

下記のサイトよりメールアドレスをご登録ください。最新情報を不定期に配信しております。

https://bit.ly/2NPxdzV

相場師朗の公式サイト

https://aibashiro.jp/

セミナーの情報はこちらから

LINE登録も随時受け付けております

@iwd9509u

パンローリング(株)のチャートサイト

https://bit.ly/1WM6e5U

『チャートギャラリー5 for Windows』(エキスパート・プロ・スタンダードの3種類ありますが、スタンダードでも本書の投資法に支障ありません。本書はモノクロですが、実際の移動平均線は色分けされています)

上記サイトの運営は書店様、図書館様とは関係ございません。

ご不明な点がございましたら、
「相場師朗の公式サイト」(https://aibashiro.jp/)、
または「相場師朗公式運営事務局」(03-6264-8411)に
お問い合わせください。

なお、上記サイト及び上記問い合わせ先は、予告なく
閉鎖することがございますが、ご了承ください。

投資に係るリスクおよび手数料について

一 株取引は価格変動リスクを伴いますので、場合によっては損失を被る場合があります。また、株取引には取引業者の売買手数料がかかります。

2 本書は投資技術に関する情報の提供を目的としたものです。　最終的な投資の意思決定は、ご自身の判断でなさいますようお願いいたします。

◆ぱる出版の好評既刊本『株は技術だ！』◆

まぐれ当たりはもう終わり！
「下落」「波乱」相場でもガッツリ儲ける
株歴35年超の株職人が教える
最新「うねり取り」理論

序章　株の世界の「職人」	第7章　建玉の操作①
第1章　株価は「上げ下げ」を繰り返す	第8章　建玉の操作②
第2章　すべてはチャートに表れる	第9章　5つのトレード練習法
第3章　「下落」で利益を取る	第10章　いざ本番！
第4章　株価の動きは「予測」できる	第11章　「職人」を目指す決意
第5章　「相場流」投資の二大要諦	終章　株の修行に終わりはない
第6章　株価の流れを読む 実践編	

【著】相場師朗

四六並製 1500円（＋税）ISBN978-4-8272-1006-4

相場 師朗（あいば・しろう）

株歴 36 年の「株職人」、現役プロトレーダー。利益の 6 割をカラ売りで稼ぐ業界随一の"カラ売りスペシャリスト"。

20 歳で株の売買を始めてから 20 年間、「日本郵船」1 銘柄のみの「売り」「買い」に集中、大きな利益を重ねる。その後、宮本武蔵が洞窟に籠もるが如く、チャートと建玉の研究に没頭、自己の手法を極めるべく精進を重ねており、日本株、米国株、イタリア指数、イギリス指数、ユーロ指数、金、原油、コーン、FX など、どの市場でも大きな利益を生み出している。

研究発表の場として、投資塾「株塾」を主宰。塾生は増加し続け、今やアジア最大級。講演活動にも積極的で、その場は日本のみならず、米国、台湾、イギリス、ドイツ、フランス、シンガポールなどにも広がる。ラジオ NIKKEI「相場師朗の株塾」では高い聴取率を誇り、同じくラジオ NIKKEI の「トレーディングフロア」ではキャスターも務める。松本大学総合経営学部講師。

せかいいちあんぜん　かぶ　う
世界一安全な株のカラ売り

2019 年 1 月 30 日　　初版発行

著　者	相　場　師　朗	
発行者	常　塚　嘉　明	
発行所	株式会社　ぱる出版	

〒160-0011　　東京都新宿区若葉 1 - 9 - 16
03(3353)2835—代表　03(3353)2826—FAX
03(3353)3679—編集
振替　東京 00100 - 3 - 131586
印刷・製本　中央精版印刷㈱

©2019　Shiro Aiba
落丁・乱丁本は、お取り替えいたします

Printed in Japan

ISBN978-4-8272-1153-5　C0033